江苏省“十四五”重点出版物出版规划项目

“全民科学素质提升”丛书

南京市科学技术协会　组织编写

丛书主编　曹福亮

科学决策助发展

领导干部和公务员科学素质提升手册

杨艳梅　姜春　编

南京出版传媒集团
南京出版社

图书在版编目（CIP）数据

科学决策助发展：领导干部和公务员科学素质提升手册 / 杨艳梅，姜春编. -- 南京：南京出版社，2025.5

ISBN 978-7-5533-4643-4

Ⅰ. ①科… Ⅱ. ①杨… ②姜… Ⅲ. ①科学决策 - 手册 Ⅳ. ①C934-62

中国国家版本馆CIP数据核字（2024）第030596号

从 书 名 “全民科学素质提升”丛书
书　　名 科学决策助发展——领导干部和公务员科学素质提升手册
作　　者 杨艳梅　姜　春
出版发行 南京出版传媒集团
南 京 出 版 社

社址：南京市太平门街53号　　邮编：210016
网址：http://www.njcbs.cn　　电子信箱：njcbs1988@163.com
联系电话：025-83283893、83283864（营销）　025-83112257（编务）

策划统筹 张　龙
责任编辑 宋莎丽
装帧设计 石　慧
责任印制 杨福彬

排　　版 南京新华丰制版有限公司
印　　刷 南京凯德印刷有限公司
开　　本 787 毫米 × 1092 毫米　1/16
印　　张 13.75
字　　数 193千
版　　次 2025年5月第 1 版
印　　次 2025年5月第 1 次印刷
书　　号 ISBN 978-7-5533-4643-4
定　　价 48.00 元

·总 序·

党和国家高度重视科普和科学素质建设。党的十八大以来，习近平总书记多次就科普和科学素质建设作出重要论述，形成了“科技创新、科学普及是实现创新发展的两翼，要把科学普及放在与科技创新同等重要的位置”——“两翼理论”，为科学素质建设提供了根本遵循。2021 年 6 月，国务院印发《全民科学素质行动规划纲要（2021—2035 年）》，为把科普和科学素质建设事业引向深入奠定了坚实基础。

科普是科技生产力的建设范畴，是实现科技自立自强的必然要求。当今世界，信息、生命、制造、能源、空间、海洋等原创突破为前沿技术、颠覆性技术提供了更多创新源泉，科学技术从来没有像今天这样深刻影响着人民生活福祉，科学技术发展需要广泛的公众理解和积极的社会参与。

科普是科学文化的建设领域，是提高社会文明程度的重要方法。科普及其所蕴含的科学精神的弘扬、科学思想的传播、科学方法的倡导，是科学实现其社会文化职能的重要形式，对于中华传统文化创造性转化、创新性发展有着积极的促进作用。

科普是全社会的共同任务，是提升人的科学素质的重要路径。科普涉及科技成果转化提炼、传播、消化吸收等诸多环节，是社会公益性事业。实施科学技术的教育、传播和普及，提高全民科学素质，形成学科学、用科学的良好风尚，需要全社会共同努力。

科普是南京建设人民满意的社会主义现代化典范城市的必然选择。建设典范城市需要大力培育城市创新文化，营造鼓励创新、宽容失败的社会氛围。普及科学知识、弘扬科学精神，有利于形成创新创造的人文社会基础。

科普的重点在基层、难点在社区。提高基层科普专兼职工作者的职业素养，以重点人群科学素质带动全民科学素质增强是今后相当长一段时期科普工作的重点。为将全民科学素质建设任务落到实处，南京市科协组织编写了“全民科学素质提升”系列丛书。

本套丛书采用“1+5”的体例，共6种图书。其中“1”，主要是针对基层社区科普专兼职工作者，以培训提高他们的职业素养为目的；“5”，则是针对青少年、农民、老年人等5类重点人群，这5类人群在全民科学素质建设中起着至关重要的作用。本套丛书有一个鲜明的特点，即深度挖掘、服务中心、贴近基层。丛书深度挖掘了科普工作的特点和规律，彰显了科普在经济、政治、文化、社会和生态文明建设方面的价值，丰富了新发展阶段科普事业发展的内涵；丛书围绕“双减”“乡村振兴”“新时代文明实践中心”“基层治理体系和治理能力”等党和政府关心的重点工作谋篇布局、解答问题；丛书立足南京基层案例，着眼解决现实工作中急需解决的一些现实问题。相信本套丛书一经面世，必将产生积极的社会影响。

应邀为本套丛书写序我感到非常高兴。我曾长期在高校教育科研一线工作，深知科研成果转化之难，也深知将科研成果转化为可资应用的科普资源的不易。促进科技成果转化为现实生产力，促进公众对科学的理解，科学家群体责无旁贷。我结合实际，将一些对科普和科学素质建设的认识和感悟写下来，并以此为序，不当之处，敬请读者朋友批评指正。衷心希望本套丛书能为繁荣南京科普创作事业、提高全民科学素质增砖添瓦。

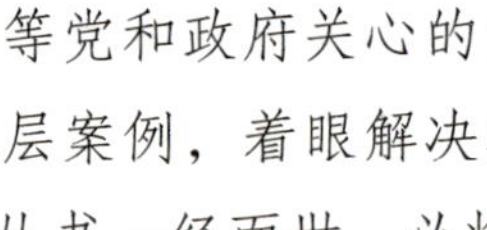

中国工程院院士
南京市科协副主席
南京林业大学原校长

·前　言·

科学素质，一般指公民应具备的基本科学技术知识和能力。《中国公民科学素质基准》（2016）对公民具备的基本科学素质划出了基准线，即了解必要的科学技术知识，掌握基本的科学方法，树立科学思想，崇尚科学精神，并具有一定的应用它们处理实际问题、参与公共事务的能力。

公民应具备基本科学素质与科普工作的使命相吻合。习近平总书记指出："科技创新、科学普及是实现创新发展的两翼，要把科学普及放在与科技创新同等重要的位置。没有全民科学素质普遍提高，就难以建立起宏大的高素质创新大军，难以实现科技成果快速转化。"新一轮科技革命和产业变革呼之欲出，科技创新已然成为国际战略博弈的主要战场，围绕战略科技制高点的竞争愈加激烈，加之泛安全化、泛政治化愈发对国家科技发展和安全造成不可忽视的负面影响。在此形势下，人才是第一资源、创新是第一动力，国民素质全面提升已经成为经济社会发展的先决条件。

《全民科学素质行动规划纲要（2021—2035年）》部署针对青少年、农民、产业工人、老年人、领导干部和公务员等五类人群的科学素质提升行动。其中，领导干部和公务员作为治国理政的主体，直接参与国家各项事务，推动国家政策制度的决策部署并推进实施、监督执行及统筹管理等，其科学素质深刻影响着国家治理体系和治理能力现代化。

第十二次中国公民科学素质抽样调查结果显示，领导干部和公务员在各类重点人群科学素质发展中处于引领地位，具备科学素质的比例达到32.05%，大幅高于全国总体水平（12.93%）。同时，他们的科学素质在科学知识、科学方法、科学精神与思想、应用科学的能力等多个维度的平均得分最高（63.6分），呈现整体突出、全面均衡的发展特征。然而，城乡和区域不平衡是其科学素质高质量发展的重点。因此，促进领导干部和公务员科学素质发展有其必要性。

本书紧扣《全民科学素质行动规划纲要（2021—2035年）》提出的“领导干部和公务员科学素质提升行动”，贯彻落实新发展理念，提高其科学履职水平。为此，本书突出强调了“两翼理论”、大科普工作对领导干部和公务员科学素质的引领和使命要求，并描述了当下这一群体科学素质建设的基本现状。为增强其对我国光辉科技事业的整体把握，本书设置了一章讲述近年来我国科技事业发展取得的重要成就。另外，本书突出科学素质教育培训，认真贯彻落实《干部教育培训工作条例》《公务员培训规定》。因此本书突出全球科技前沿的最新方向，面向“十四五”规划乃至未来更长一段时期我国未来产业及其战略高技术制高点的发展方向，力图增强他们把握科学发展规律的能力。

本书共分为九章。第一章主要关于公务员科学素质的新方位与内涵；第二章总结了近年来我国科技事业发展取得的重要成就；第三至九章，主要介绍了若干前沿科技知识和全球科技发展趋势，如新一代人工智能、量子通信与量子计算、集成电路、大数据与信息、生命与健康、高端装备制造、新能源与新材料等。领导干部和公务员可以通过阅读本书，进一步强化对科教兴国、创新驱动发展、科技自立自强等战略的认识，提高科学决策能力，树立科学执政理念，增强推进国家治理体系和治理能力现代化的本领，更好服务党和国家事业发展。

需要说明的是，本书并非原创性学术著作，而是科普读本。本书涉及理、工、农、医等多个学科的知识，为客观、科学地呈现前沿科技领域进展，本书在系统整理已知的资料文献基础上，引用汇编了诸多学者的成果或观点。如有疏忽不妥之处，请批评指正。

目　录

1

第一章

公务员科学素质：新方位与内涵

两翼理论的时代指引

科技创新、科学普及是实现创新发展的两翼

“两翼理论”是习近平总书记对科技创新和科学普及工作的重要论述，在马克思主义世界观和方法论下深刻阐明了实现创新发展的基本规律，科学回答了事关我国创新发展的重大问题，为我国实现高水平科技自立自强、加快创新发展指明了前进方向，提供了根本遵循。

“两翼理论”是习近平总书记关于科技创新重要论述一以贯之的思想结晶，也是习近平总书记一直以来高度重视科学普及思想理念的充分体现。这一重要理论是习近平总书记关于科技创新系列重要论述的组成部分，是习近平新时代中国特色社会主义思想的重要内容之一，成为科技创新和科学普及工作的指导思想和行动指南；为解决科技强、科普弱的“两翼”不平衡问题，实现“两翼齐飞”提供坚实理论支撑；对于建设创新型国家和世界科技强国、实现高水平科技自立自强具有重要战略意义。

“两翼理论”的发展脉络

“两翼理论”产生于科普服务国家治理体系和治理能力现代化、服务国家高水平科技自立自强发展的新语境下，是对科技创新和科学普及理论的完善，是与时俱进的新时代创新发展理论，是适应新时代创新发展要求、解决新时代发展问题的方案。

国内外大环境持续变化。当今世界正经历百年未有之大变局，全球发展面临着诸多挑战，新一轮科技革命和产业革命加速演进，深刻改变着人们的生产生活方式。科技创新是其中的一项重要变量，是提高社会生产力和综合国力的战略支撑。目前，我国发展处于重要的战略机遇期，国内外环境发生着深刻复杂的变化，

对科技创新发展理念和路径、科学普及工作思路和模式等提出了更高要求。科技创新和科学普及紧密地联系在一起，一个国家的创新水平越来越依赖全体劳动者科学素质的普遍提高。

科普内涵外延不断变化。随着科学技术的建制化和职业化发展，科学研究越来越成为一种掌握专业知识与技能的人才能从事的职业。科学家与公众之间的知识鸿沟开始出现并逐渐加深，这使得如何做好科学普及成为一项更加艰巨和紧迫的时代课题。科学技术的不断发展，从源头给科学普及提供新的生长点，并不断丰富着科普的内涵与外延。

2002 年，为实施科教兴国战略和可持续发展战略，加强科学技术普及工作，提高公民科学文化素质，推动经济发展和社会进步，根据《中华人民共和国宪法》和有关法律，我国制定颁布了世界上第一部科学普及专门法——《中华人民共和国科学技术普及法》（以下简称《科普法》）。《科普法》明确了科普是“国家和社会普及科学技术知识、倡导科学方法、传播科学思想、弘扬科学精神的活动。

开展科学技术普及（以下称科普），应当采取公众易于理解、接受、参与的方式。……科普是公益事业，是社会主义物质文明和精神文明建设的重要内容。发展科普事业是国家的长期任务”。在科技发展和社会需求的双重带动下，加强科学素质建设、促进公众理解科学、服务国家治理体系等已成为现代科普工作的重要目标。

“两翼理论”缘起习近平总书记围绕我国在近代何以落后，对科学普及与民族复兴的长期深刻思考。2014年6月9日，习近平在中国科学院院士第十七次院士大会、中国工程院第十二次院士大会上发表讲话：“我一直在思考，为什么从明末清初开始，我国科技渐渐落伍了。有的学者研究表明，康熙曾经对西方科学技术很有兴趣，请了西方传教士给他讲西学，内容包括天文学、数学、地理学、动物学、解剖学、音乐，甚至包括哲学，光听讲解天文学的书就有100多本。是什么时候呢？学了多长时间呢？早期大概是1670年至1682年间，曾经连续两年零五个月不间断学习西学。时间不谓不早，学的不谓不多，但问题是当时虽然有人对西学感兴趣，也学了不少，却并没有让这些知识对我国经济社会发展起什么作用，大多是坐而论道、禁中清谈。1708年，清朝政府组织传教士们绘制中国地图，后用10年时间绘制了科学水平空前的《皇舆全览图》[①]，走在了世界前列。但是，这样一个重要成果长期被作为密件收藏内府，社会上根本看不见，没有对经济社会发展起到什么作用。反倒是参加测绘的西方传教士把资料带回了西方整理发表，使西方在相当长一个时期内对我国地理的了解要超过中国人。这说明了一个什么问题呢？就是科学技术必须同社会发展相结合，学得再多，束之高阁，只是一种

① 《皇舆全览图》采用了当时世界上最先进的、以地圆理论为基础的经纬度测量法。该地图以通过北京的子午线作为中央经线，用天文测量方法测定出少数几个地点的地理位置作为基点，然后再以三角测量方法推算出全国各地的地理经纬度校核后确定，并采用了正弦曲线等面积伪圆柱投影法绘制地图，使得精确度大大提升。英国科学家李约瑟在他撰著的《中国科学技术史》中就称赞此图“不仅是亚洲当时所有地图中最好的一种，而且比当时所有欧洲地图都更好、更精确”，也表明“中国在制图学方面又一次走在世界各国的前面”。

猎奇，只是一种雅兴，甚至当作奇技淫巧，那就不可能对现实社会产生作用。”

围绕这一思考，习近平总书记坚持科技为民、把科学交给人民的思想，高度重视科普工作在创新发展中的作用，形成了关于创新发展的“两翼理论”。

第一阶段：2008 年至 2012 年，习近平同志连续五年参加全国科普日活动，多次就科学普及与科技创新的关系作出重要论述。

2008 年 9 月 21 日，习近平同志在参加全国科普日活动看望科技工作者时说，希望广大科技工作者在搞好科学研究的同时，积极参与到科普活动中来，为提高全民科学素质，为实施科教兴国战略和建设创新型国家，作出新的贡献。

2009 年 9 月 19 日，习近平同志在中国科技馆新馆参加全国科普日活动时强调，要在全社会大力弘扬创新精神、提高创新能力，为坚持走中国特色自主创新道路、建设创新型国家奠定坚实的群众基础。习近平同志强调指出，科技创新和科学普及是实现科技腾飞的两翼。要继续围绕增强自主创新能力、建设创新型国家，充分发挥科普工作主力军作用，进一步办好全国科普日活动，形成社会化科普工作新格局。

2010 年 9 月 18 日，习近平同志在参加全国科普日活动时说，今年全国科普日活动主题瞄准国际经济科技竞争制高点，紧扣党和国家工作着力点，是科技工作围绕中心、服务大局的生动体现。习近平同志指出，科学研究和科学普及好比鸟之双翼、车之双轮，不可或缺、不可偏废。要深入贯彻科学技术普及法和全民科学素质行动计划纲要，大力度开展科普工作，大幅度提高全民科学素质，进一步推动形成社会化科普工作格局，不断为建设创新型国家建功立业。

2011 年 9 月 18 日，习近平同志在参加全国科普日活动时强调，要坚持围绕中心、服务大局，深入基层、面向群众，更加扎实有效做好建设节水型社会科普工作。习近平同志在参观活动结束后指出，今年的全国科普日活动主题鲜明、设计新颖、形式活泼。特别是科普日北京主场活动与举办科学嘉年华活动相结合，深入基层社区，面向千家万户，既是一次生动的水情、水利、水知识普及教育活动，又是一次落实“社区科普益民计划”，让科普工作走进城市社区、走进居民生活的成功尝试。

2012 年 9 月 15 日，习近平同志在中国农业大学参加全国科普日活动时说，高等院校蕴藏着开展科普教育活动最为丰富的人才资源，在面向社会公众开展科普活动方面具有不可替代的优势，要把这一优势进一步发挥好。习近平同志指出，各级党委和政府要认真贯彻落实全国科技创新大会精神和《中共中央国务院关于深化科技体制改革加快国家创新体系建设的意见》，坚持把抓科普工作放在与抓科技创新同等重要的位置，支持科协及科研、教育等机构广泛开展科普宣传和教育活动，不断提高我国公民科学素质，为实现到我们党成立 100 周年时进入创新型国家行列、到新中国成立 100 周年时建成科技强国的宏伟目标，奠定更为坚实的群众基础、社会基础。

这是习近平总书记对两翼“同等重要”的早期阐述，肯定了科学普及是夯实创新基础的支撑性力量，以创新的硬实力结合科普的软实力，形成双向循环协同促进的发展动能，服务新发展格局。

第二阶段：党的十八大以来，习近平总书记高度重视科学普及在创新发展中的作用，持续深入思考作出了一系列重要论述。

2013 年 9 月 30 日，习近平总书记在十八届中央政治局第九次集体学习时所作的重要讲话指出：“科技创新绝不仅仅是实验室里的研究，而是必须将科技创新成果转化为推动经济社会发展的现实动力。”

2016 年 5 月 30 日，习近平总书记在全国科技创新大会、中国科学院第十八次院士大会和中国工程院第十三次院士大会、中国科协第九次全国代表大会上发表重要讲话，系统全面地阐释了“两翼理论”，指出“科技创新、科学普及是实现创新发展的两翼，要把科学普及放在与科技创新同等重要的位置。没有全民科学素质普遍提高，就难以建立起宏大的高素质大军，难以实现科技成果快速转化。希望广大科技工作者以提高全民科学素质为己任，把普及科学知识、弘扬科学精神、传播科学思想、倡导科学方法作为义不容辞的责任，在全社会推动形成讲科学、爱科学、学科学、用科学的良好氛围，使蕴藏在亿万人民中间的创新智慧充分释放、创新力量充分涌流”。

2016 年 7 月 20 日，习近平总书记在致中国地质博物馆建馆 100 周年的贺信中指出：“科技创新、科学普及是实现创新发展的两翼。希望你们以建馆百年为新起点，不忘初心、与时俱进，以提高全民科学素质为己任，以真诚服务青少年为重点，更好发挥地学研究基地、科普殿堂的作用。”

2016 年 12 月 24 日，习近平总书记在勉励北京八一学校科普小卫星中的回信指出：“中学生设计研制科普卫星是一次很好的尝试，你们攀登科技高峰的热情和勇气让我感到欣慰。”

2017 年 10 月 18 日，习近平总书记在党的十九大报告中指出，“倡导创新文化”，“弘扬科学精神，普及科学知识”。

2018 年 5 月 28 日，习近平总书记在中国科学院第十九次院士大会、中国工程院第十四次院士大会上所作的重要讲话中指出：“当科学家是无数中国孩子的梦想，我们要让科技工作成为富有吸引力的工作、成为孩子们尊崇向往的职业，给孩子们的梦想插上科技的翅膀，让未来祖国的科技天地群英荟萃，让未来科学的浩瀚星空群星闪耀！”

2018 年 7 月 13 日，习近平总书记主持召开中央财经委员会第二次会议所作的重要讲话中指出，“要广泛开展科学普及活动，形成热爱科学、崇尚科学的社会氛围，提高全民族科学素质”，“要加强科技领域干部队伍建设，培养一大批能够把党和国家科技政策贯彻落实好的组织型人才，成为领导科技工作的行家里手和科研人员的知心人”。

2018 年 9 月 17 日，习近平总书记在致世界公众科学素质促进大会贺信时指出：“中国高度重视科学普及，不断提高广大人民科学文化素质。中国积极同世界各国开展科普交流，分享增强人民科学素质的经验做法，以推动共享发展成果、共建繁荣世界。”

2020 年 9 月 11 日，习近平总书记在科学家座谈会上强调：“国家科技创新力的根本源泉在于人。”

2021 年 5 月 28 日，习近平总书记在中国科学院第二十次院士大会、中国工程院第十五次院士大会、中国科学技术协会第十次全国代表大会上的讲话中指出，“我国要实现高水平科技自立自强，归根结底要靠高水平创新人才”，“更加重视科学精神、创新能力、批判性思维的培养培育”。

这是习近平总书记对“两翼理论”做出的深化完善和全面阐释，不仅再次强调了科技创新和科学普及同等重要的地位及二者对于实现创新发展的重要作用，而且对广大科技工作者在提升全民科学素质中应发挥的作用寄予厚望，对于推动我国科普事业迈向新的发展阶段具有重大意义。

“两翼理论”是一个系统的、不断发展的理论体系，是习近平总书记整体性思维、辩证思维、历史思维、战略思维和创新思维的具体体现，将随着时代、实践、科学的发展而不断完善，并指导和引领我国科普事业健康发展。

“两翼理论”的重要内涵

理论内涵

在科技强、科普弱的现实条件下，强调“科技创新与科学普及同等重要”无疑对补足科学普及短板、大力提升全民科学素质、加快科技成果快速转化为现实生产力提供了强大的理论指引，也为实现科技创新和科学普及双轮驱动发展指明了方向。“两翼理论”为实施科教兴国战略、人才强国战略和创新驱动发展战略提供认识论、方法论和价值论。

从认识论角度来看，“两翼理论”是用辩证唯物主义指导我国科技和科普实践的成功运用，它从我国社会发展的具体实践中产生，并随着实践不断发展和完善。

首先，“两翼理论”运用物质和实践的观点，与中国特色社会主义实践相结合，体现了新时期科普思想新理念，并深刻阐明了科技创新与科学普及之间相互联系、相互作用的辩证统一关系：科技发展与创新是科学普及的源头活水，反之科学普及的发展也将为科技创新提供重要支撑。

其次，科技创新与科学普及是相辅相成、相互依存、相互促进的辩证统一关系。二者同等重要、相辅相成，形成一个整体，如鸟之双翼、车之双轮，是实现创新发展的两大动力系统：科学技术的发展与创新催生了在全社会进行科学普及和公众理解科学的广泛需求，带动了全民科学素质的提高；全民科学素质的提高和公众广泛参与科普，又是进一步实施创新驱动发展战略和提升国家综合实力的必要条件。

两者亦似高地与高峰，通过加强科学普及夯实人才高地、创新高地，才能不断托起科学的高峰。“两翼”协同发力，我国的科技事业才会越来越强大，自主创新道路才会越走越宽广。

从方法论角度来看，“两翼理论”运用总体性辩证法以及系统性、协同性思维，既把科学普及与科技创新放到实现创新发展的总体进程中加以考察，又把科学普及放在与科技创新同等重要的位置，为我国的创新发展特别是补齐科普短板提供了科学的方法论指导。普及科学知识、弘扬科学精神、传播科学思想、倡导科学方法、提高科学素质是我国科普工作的主要任务。只有通过普及“四科”（科学知识、科学精神、科学思想和科学方法），以人民为中心，才能实现全民科学素质提升，促进人的全面发展，实现人的现代化。两个“难以”（难以建立起宏大的高素质创新大军、难以实现科技成果快速转化）强调科普工作的目标就是提高全民科学素质，唯此才能建立宏大的高素质创新大军，实现科技成果快速转化，提高全社会生产力。这对于加强科学普及既是工作域、发力点，也提供了方法论指导。

从价值论角度来看，“两翼理论”明确了科技创新和科学普及对我国社会创新发展的意义与价值，二者对于增强我国自主创新能力的硬实力和公民科学素质整体提升的文化软实力，建设世界科技强国具有重大意义。科学普及的五重价值表现为：提升全民科学素质；构建高素质创新大军；实现科技成果快速转化；在全社会推动形成讲科学、爱科学、学科学、用科学的良好氛围；激发亿万人民的创新智慧和创造活力。

当前我国发展处于重要的战略机遇期，注重抓好科技创新源头，创新科普方式，发挥科学普及价值，才能构成完整、高效的创新驱动价值链，由此促进新发展理念的贯彻，实现经济、政治、文化、社会和生态文明协调高质量发展。

可以说，“两翼理论”是马克思主义发展观在我国新时代达到的新境界，也是马克思主义科技观的最新理论成果，体现了整体、系统、协同的战略性思维，是马克思主义认识论和方法论的高度统一，是贯彻新发展理念、指导高水平科技自立自强、建设世界科技强国的重要理论法宝。

实践内涵

“两翼理论”明确了国家创新体系的战略构成与内在联系。“两翼理论”以崭新视角，从科学知识的生产创造、传播扩散和应用成效三个方面，对国家创新体系进行体系化解构，即实现创新发展是国家创新体系的发展目标，科技创新是国家创新体系的发展动力，科学普及是国家创新体系的发展基础。“两翼理论”系统阐述了科技创新与科学普及相互依存、同等重要、互为助力、相辅相成的内在关系，深刻揭示了国家创新发展的驱动要素、实现路径和动力机制。“两翼理论”也包括了传统科技创新体系理论关于资源、机构、机制和环境相互关联、相互协调的内涵，是创新体系理论的突破与发展。

科技创新聚焦科技前沿，不断取得新的突破，生产创造新的知识，是体现国家、区域综合竞争优势的关键，是经济社会发展的“原动力”。科学普及聚焦提升公民科学素质，促进人的全面发展，加强对新知识、新技术、新理念的广泛传播，促进科技成果转化及应用，为科技创新提供肥沃土壤，是推动科技创新的前提和基础，是经济社会发展的“助推器”。

科技创新推动科学技术进步，科学普及推动知识流动共享，将科学技术大众化、应用化、社会化，外化为现实生产力，内化为人的科学素质，服务高素质创新大军构建，决定一个国家、地区的创造力和软实力。

“两翼理论”揭示了国家创新体系的运行机制与发展规律。“两翼理论”从创新发展要求出发，揭示国家创新体系“两翼”齐飞动力机制、“同等重要”协调发展机制。从创新链、传播链、人才链、产业链共建融合角度，阐明推动科技创新、加强科学普及、提升科学素质、转化科技成果、营造创新氛围、激发创新活力的内在发展逻辑，进而揭示了依托“两翼齐飞”，增强知识创新活跃程度、促进创新主体知识交流协同、提升知识传播扩散的系统效率、提升国家创新体系的整体效率和发展质量的内在规律。

“两翼理论”为我国创新体系的高效运行提供了新的发展范式。围绕如何实现创新发展，“两翼理论”坚持以人民为中心，聚焦全民科学素质的整体提升；把发展作为第一要务，推动创新第一动力和人才第一资源的平衡发展；坚持在科技创新与科学普及两大方向发力，推动创新体系高效协同运转。贯彻落实“两翼理论”新范式，就是一手抓创新，一手抓科普，在创新的基础上做好科普，在科普的基础上推动创新，通过同谋划、共发力、齐推进，形成高效的科技创新组织动员体系和统筹协调的科技资源配置模式，以创新突破和科普成效形成强劲动力，共同为科技腾飞、创新发展提供坚实支撑。谋创新就是谋发展，抓科普就是抓创新。实现高水平科技自立自强，建成科技强国，必须加强战略谋划，坚持深抓科技创新，力补科普短板，推动科技创新与科学普及比翼齐飞，唯此才能筑牢创新高地，攀登科学高峰，不断创造人类文明新形态。

“两翼理论”是在统筹推进经济建设、政治建设、文化建设、社会建设和生态文明建设“五位一体”总体布局，加快推动创新驱动发展战略的新形势下提出的重要理论，它运用马克思主义科学的世界观和方法论指导新时代中国创新发展的具体实践，为新时期加强科技创新与科普工作、实现高水平科技自立自强指明了前进方向。2021 年 6 月，国务院颁布《全民科学素质行动规划纲要（2021—

2035 年）》，再次强调“两翼理论”是“新发展阶段科普和科学素质建设高质量发展的根本遵循”，要“全面贯彻落实习近平总书记关于科普和科学素质建设的重要论述”。站在实现第二个百年奋斗目标的新起点上，立足新发展阶段，贯彻新发展理念，构建新发展格局，实现高质量发展，需要用“两翼理论”引领科技创新和科学普及，坚持理论指导和实践探索的辩证统一，加强原创性、引领性科技攻关，坚决打赢关键核心技术攻坚战，同时强化科普供给侧结构性改革，构建社会化协同、智慧化传播、规范化发展、国际化合作的科学素质建设生态，以创新和科普双重动力推动创新驱动发展，积极推动世界科技强国建设，为全面建设社会主义现代化国家夯实科学根基。

大科普工作的全面展开

科普工作发生五个变化

新时代的发展正在带来传统科普的深刻之变。进入新时代，科普工作自身呈现出新变化，时代对科普工作提出了新要求。科技知识的创造、传播、扩散、应用从未像今天这样以如此的规模和速度发展，并使得科技创新发展和公民科学素质提升变得前所未有地重要。科学普及有助于提升公民的科学素质，培育社会的科学文化和创新文化，为创新发展提供有力支撑。

新中国科普走过的70多年，是一段对科普理念、使命的认识不断深化的历史。在新的历史条件下，我们要充分发挥科普的经济、政治、文化、社会和生态文明建设的价值，通过科学普及，弘扬科学精神，倡导科学方法，普及科学知识，提升科学素质，培育创新文化，促进人的完善和全面发展。推动科普高质量发展，必须胸怀“中华民族伟大复兴的战略全局和世界百年未有之大变局”，摒弃路径依赖和惯性思维，以更高的站位、更宽的视野，以自我变革的姿态迎接未来；要立于时代潮头定位科普，深刻认识科普的理念之变、手段之变、方式之变、体制之变、环境之变，从而实现科普理念、科普机制和科普方式方法的创新提升。

科普的理念之变。今天的科普理念要从知识补课向价值引领转变，要逐步从过去的侧重传授知识、教授方法为主，演变为树立科学观念、涵养科学精神、培育创新精神和营造社会氛围为主，这是对科普理念和科普供给侧结构性改革的根本要求。

科普的手段之变。高质量科普供给不应再是大水漫灌，而是充满人文关怀、及时精准、启迪思维的科普，以更加人性化、平民化、生活化的姿态去贴近大众。

科普的方式之变。当代科技发展正不断拓宽信息传播的渠道，以数字化、网络化、智能化为标志的信息技术革命对生产、流通、分配、消费以及经济运行机制、社会生活方式和国家治理能力产生了前所未有的重大影响。

科普的体制之变。从科普实践看，亟须转变优化科普工作体制机制。首先是组织动员机制。长期以来，科普工作对社会化动员机制、市场化运行模式探索不足，需要推动从政府主导向政府引导、多元主体参与的社会化动员机制和市场化运行模式的转变。其次是组织保障机制。解决科普资源下沉不畅、上下协同联动不够问题，需要探索构建省级统筹、市为中心、县为基础、社区为重点的四级联动科普工作体制机制。再次是科技志愿服务工作机制。破解基层“四缺”难题，需要打通科普服务的最后一公里，如探索“三长”带“三会”的工作模式。同时，需要积极探索科技志愿服务融入新时代文明实践中心、党群中心的有效机制。

科普的环境之变。随着人类社会加速向知识社会转变，科学普及已逐步成为展现国家科技和文化软实力的重要载体，科学普及在提升全球科学共识、应对全球性挑战、推进全球可持续发展和人类命运共同体建设方面的作用日趋重要。加强新时代科学普及工作，需要以更加开放的世界眼光，将科学普及置于国际语境中发展提升，体现国家繁荣富强的基本要求，在汲取好的发展经验和智慧发展提升的同时，为世界公民科学素质建设提供中国经验、中国方案，深化科技人文交流，增进文明互鉴，服务构建人类命运共同体。

大科普内涵与远景目标

大科普就是在党的领导下，以贯彻落实“两翼理论”为根本遵循，以实现国家创新发展为目标，充分发挥新型举国体制优势，加强政府统筹协调，科技组织动员发动，社会力量全体行动，各行各业踊跃参与，大众传媒广泛传播，形成全国推动、全媒传播、全体行动、全民参与的共抓共建共享大格局，形成全社会、全民族创新发展强大合力，形成科技创新与科学普及布局合理、协调发展、互为助力的国家创新体系和现代化科技治理新格局，加速提升国家科技创新硬实力和创新文化软实力，为加快社会主义现代化国家建设进程提供强大动力，为人类命

运共同体构建贡献中国智慧。

据考证，我国开始使用“大科普”的概念是在 1990 年以后，随着国际科普理念传入我国和“大科学”概念逐步被接受而出现的，其内涵与时俱进，外延模糊。近年来，“大科普”更是常见于科普领域的文献中，但对“大科普”概念仍没有统一的界定。2021 年，《人民政协报》刊发了全国政协课题组《深刻认识习近平总书记关于科技创新与科学普及“两翼理论”的重大意义，建议实施“大科普战略”的研究报告》，对“大科普”进行了较为系统的论述。

大科普的实质就是充分发挥我国体制和制度优势，打一场创新发展的“人民战争”，促进形成新发展格局，促进实现高质量发展，促进建成世界科学文化中心和高水平自立自强的发展高地。

大科普的内涵涵盖了五个方面，具体如下：

一是大目标。大科普以提升完善人的素质为目标，大力提升科普工作的专业化、社会化、市场化、国际化水平，形成全领域、全社会、全产业、全媒体互动的科普工作大格局，充分发挥科普的教育、经济、社会、文化、生态等价值，大幅提升科普对以科技创新为核心的全面创新的支撑作用，加速创新发展进程。

二是大工程。大科普意味着科普工作是一项宏大的社会系统工程，面广量大，任务艰巨，在强调政府统筹推进和基础保障的同时，充分发挥市场在资源配置中的决定性作用，推动对数字化、“双碳”目标等涉及面广、工作因素众多、后果影响重大而且深远的关键、共性、基础性科学技术的推广应用，采取扫盲式、工程化集成推进方式，系统推动实施新时代科普大工程。

三是大协作。大科普工作主体涉及政府、科技、传媒、文化、企业等众多部门和行业，要引导高校、科研机构、企业、社会组织和个人等多元主体积极参与科普事业，在大科普的实践中逐步健全完善有效的科普工作体系和治理机制，形成科学有效的科普工作管理模式，逐步实现科普工作的系统化、网络化、社会化，实现全社会协同参与科普工作的治理模式，大力提高科普工作的效率。

四是大创新。科普事业发展的环境、条件、要求等发生了新的变化，大科普就是要站在时代前沿，把握科技发展规律，定位科普工作，把创新贯穿到科普工作的全过程全链条，突出科普的理念创新、资源创新、制度创新、模式创新，加强以内容创新、表达创新、活动创新为代表的全面创新。

五是大服务。大科普强调普惠公平、全民受益，关注身处不同环境中的公众需要，以大数据分析为基础，公众需求为导向，深化科普供给侧结构性改革，建立全民普惠的科普服务体系，大幅提高科普广度、深度、速度、精度和强度，提供立体、泛在、及时、精准的科普服务，实现科技成果的全社会共享，增进广大人民群众的福祉。

实施“大科普战略”的核心任务是：面向建设高水平自立自强世界科技强国，在凝聚科技、教育、文化、经济、社会等多个领域共识的基础上，坚持融通发展、协同治理，坚持着眼长远、因势利导，坚持以人为本、价值引领，坚持传承创新、开放合作，坚持精准施策、务实高效，全面推进科普工作创新，构建科技创新与普及融合互动的现代化科技治理体系，构建互为动力的科技创新与普及体系，构建充分体现和保障“两翼”同等重要的基础制度和治理体系，推动科技创新与科普工作体系的融合，形成适应创新发展新要求大科普工作的基础性制度安排。

实施大科普战略，将为实现第二个百年奋斗目标提供坚实支撑，到本世纪中叶，我国将建成富强民主文明和谐美丽的社会主义现代化强国。到那时，科技创新体系与科普运行体系达到和谐互促、共生互利，高水平的科技创新为科学普及提供源源不断的资源供给，全方位的科学普及为科技创新培植坚实肥沃的创新土壤。大科普的远景目标是实现科普事业新体系蓬勃发展、社会化科普大格局完备高效、科学的文化力量引领创新发展。

科普事业新体系蓬勃发展。以信息技术应用为基础，科普基础设施体系实现全员、全时、全域、全场景发展，各类科技馆、科技类博物馆成为线上线下融合的全方位沉浸式体验学习场所，科普资源平台汇聚国内外海量优质内容，为城乡公众提供无差别的个性定制服务。先进的媒体融合技术引领科学传播体系革命，形成集主流媒体权威性、自媒体多样性和公众传播广泛性于一体的科学传播主体矩阵，应用全媒体超高清显示、智能生产精准传播、内容监测等技术，科普内容生产与传播的全流程不断高效化、去中心化，传播渠道的丰富性、可触及性大大提升。成熟的科普产品和服务市场渗透进生活的方方面面，触手可及的新科技发展动态、精准个性的科普内容服务、丰富新奇的科普文娱活动，人们既是科普资源的生产者，又是科普内容的消费者，在完备的市场运行机制下，科普龙头品牌和企业林立，各类科普需求得到充分满足。

社会化科普大格局完备高效。各级政府、各部门在科普政策体系中协调配合，信息流通顺畅，协商平等高效，决策科学透明，响应迅速高效，科普有机融入国家各领域发展规划和政策；科研院所、高校、社会组织相互融通，资源互动，科技共同体和公众参与科普的主动性和创造性充分激发，各类社会主体实现优势互补，科普需求与供给精准匹配；科技创新成果的科普转化和展示体制完善、机制顺畅、执行规划、普惠增效；科学普及类高校专业建设完善，科普专业人才培养体系健全，高素质人才集聚，职业发展保障完善，后备人才充足，志愿服务理念深入人心，科普志愿者等兼职队伍建设大大改观。

科学的文化力量引领创新发展。国民综合素质大幅提升，科学素质达到世界一流水平，鼓励探索、包容失败、理性质疑、实事求是的科学精神在社会中的影响力显著增强，科学成为与道德、法治同等重要的社会基本价值遵循。科学精神成为贯通科技创新和科学普及的文化血脉。社会整体创新理念和创新能力取得巨大跃升，创新环境不断优化，参与创新思考和创新事业的群体显著扩大，公民的创造才能和天赋被普遍承认和理解，好奇心和探索兴趣被极大激发和保护，观念突破、技术进步、应用创新、市场拓展等更新变革的速度大大加快，周期大大缩短，成果不断涌现。

基于此，凭借不断更新的发展理念、产业模式和技术应用，科技创新真正成为经济社会发展的第一动力，物质财富的生产力取得质的飞跃，社会整体物力资源极大繁荣，为社会治理、政治文明、精神富足和生态友好提供了充足的物质基础，社会系统协调运转，人民综合素质提高，生活富足美满，国家整体竞争力迈入世界领先新台阶。

培育和发展新质生产力

2023 年 9 月，习近平总书记在黑龙江考察调研期间提出“新质生产力”概念。此后，在中央经济工作会议、中央政治局集体学习、全国两会和赴地方考察中，习近平总书记对新质生产力作出系统阐释和重大部署，深刻回答了“什么是新质生产力、为什么要发展新质生产力、怎样发展新质生产力”的重大问题。

2024 年 1 月 31 日，中共中央政治局就扎实推进高质量发展进行集体学习，习近平总书记发表重要讲话，对“新质生产力”这一全新概念进行深入阐释：“概括地说，新质生产力是创新起主导作用，摆脱传统经济增长方式、生产力发展路径，具有高科技、高效能、高质量特征，符合新发展理念的先进生产力质态。它由技术革命性突破、生产要素创新性配置、产业深度转型升级而催生，以劳动者、劳动资料、劳动对象及其优化组合的跃升为基本内涵，以全要素生产率大幅提升为核心标志，特点是创新，关键在质优，本质是先进生产力。”习近平总书记关于发展新质生产力的一系列重要论述，为中国在新时代新征程上进一步解放和发展生产力、实现高质量发展、推进和拓展中国式现代化提供了根本遵循和行动指南。

发展新质生产力，同领导干部和公务员科学素质密切相关。一方面，中央提出发展新质生产力的背景之一是领导干部推进高质量发展的工作还不够到位。习近平总书记在二十届中央政治局第十一次集体学习时，开宗明义指出发展新质生产力是推动高质量发展的内在要求和重要着力点，然而制约高质量发展因素还大量存在。例如，“从工作推进情况看，有的领导干部认识不到位，实际工作中一遇到矛盾和困难又习惯性回到追求粗放扩张、低效发展的老路上；有的领导干部观念陈旧，名曰推动高质量发展、实际上‘新瓶装旧酒’；有的领导干部能力不足，面对国内外新环境新挑战，不知如何推动高质量发展，等等。对这些问题，

要高度重视，切实解决”。

高质量发展需要新的生产力理论来指导，推进高质量发展取得新进展新突破，领导干部和公务员就必须牢记高质量发展是新时代的硬道理，完整、准确、全面贯彻新发展理念，把加快建设现代化经济体系、推进高水平科技自立自强、加快构建新发展格局、统筹推进深层次改革和高水平开放、统筹高质量发展和高水平安全等战略任务落实到位，完善推动高质量发展的考核评价体系，为推动高质量发展打牢基础。从这个角度来说，培育和发展新质生产力是领导干部和公务员的职责取向，关乎高质量发展。

另一方面，更高素质的劳动者是培育和发展新质生产力的第一要素。与传统生产力相比，新质生产力是包容了全新质态要素的生产力。新质生产力是以劳动者、劳动资料、劳动对象及其优化组合的跃升为基本内涵，其中更高素质的劳动者是新质生产力的第一要素。不同于传统以简单重复劳动为主的普通技术工人，新型劳动者代表现代劳动力的转变，是能够创造新质生产力的创新型战略人才和能够熟练掌握新质生产资料的应用型人才，拥有更高的教育水平、更强的学习能力，不仅掌握传统职业技能，更能适应数字化、智能化的工作环境，具备跨界融合的综合能力。

领导干部和公务员既是劳动者群体的重要成员又深刻影响其他新型劳动者。本书许多章节聚焦我国乃至全球未来产业及其战略科技制高点技术，这也是面向领导干部和公务员群体开展新质生产力科普的盛宴，有助于提升领导干部和公务员科学素质。同时，领导干部和公务员群体通过公共政策，深刻影响新型劳动者群体，例如通过科技人才政策，培育和引聚在颠覆性科学认识和技术创造方面作出重大突破的顶尖科技人才；以卓越工程师为代表的工程技术人才和以大国工匠为代表的技术工人；敢闯敢干，拥有战略思维，能够敏锐把握科技前沿技术和产业趋势的优秀企业家。

当下公务员提升科学素质的迫切性

公务员科学素质的现状与挑战

习近平总书记强调，中国要强盛、要复兴，就一定要大力发展科学技术，努力成为世界主要科学中心和创新高地。公务员群体作为党和国家发展规划和政策决策的制定者、推动者、落实者，其科学素质直接关系到科学决策水平和科学治理能力，关系到国家治理体系和治理能力现代化。面对国内外日益复杂的经济、社会发展问题，提高公务员科学素质、科学治理能力和决策水平显得十分关键、必要和紧迫。

根据调查数据显示，2007 年我国领导干部和公务员具备科学素质的比例仅为 10.38%，到 2020 年已增长至 23.76%。可以看出，随着社会的发展进步，我国领导干部和公务员的科学素质水平相比以往有了显著提升，但由于受各种主客观因素的影响，当前仍面临一定的挑战亟待突破。部分领导干部和公务员在思想上对科普工作的重要性认识不足。有的领导干部和公务员认为，由于自己不直接从事科技和科研工作，不需要太高的科学素质就可以完成工作，所以科学素质离本身的工作较远，并没有把科学普及与科技创新放到同等重要的位置，推动和服务创新发展的意识和能力还不够充分。还有的领导干部和公务员对新时代科学素质的内涵认知还有待进一步加强。他们普遍重视科学知识，但对于科学精神、科学思想和科学方法的重视和把握程度还不够。

部分领导干部和公务员重视和参与科普的自觉意识不强。由于领导干部和公务员所处的职位要求，每天必须面对和处理各项繁杂的事务，而且面对严格的考核制度，迫切需要他们提高自身各方面的素质。领导干部和公务员为了能更好地完成各项工作任务，为了能有更好的业绩，普遍表示愿意提高自身各方面的素质，其中包括科学素质。但是，他们日常事务繁杂，每天被许多事务缠身，很难抽出大量时间加强科学素质的学习和培训。很多领导干部和公务员表示自己每天学习的时间很少，在提高科学素质方面真是心有余而力不足。一言以蔽之，领导干部和公务员客观上的工作繁忙，主观上的科普需求力不从心，从而成为全民科学素质建设中必须高度重视的人群。

领导干部和公务员群体对于科学知识和科学方法的需求较高。对于领导干部和公务员而言，参与科普活动，了解更多的前沿领域、产业经济的科学知识，以及获取相关科学知识的科学方法，这对领导干部和公务员的现实工作更具实践意义和指导作用。但现实中，领导干部和公务员虽对科普的重要性认识较高，但是对参加过的科普活动的效果总体认可度不高，尤其是科技培训、科技咨询等活动。究其原因，主要在于当前科技培训、科技咨询的理念总体相对落后，仍然以任务导向为主，而没有将之看成是人力资源培养和开发，以及指导科学决策的重要途径。

对领导干部和公务员科学素质的培训还有待加强。目前，我国对领导干部和公务员科学素质的培训还存在诸如重视程度不够，所设置的班次、课程体系不明显，开展专业培训的师资力量不足，不同地区开展培训的实效不平衡等问题。同时，针对领导干部和公务员科普需求的分析也比较欠缺，主要是根据级别而不是根据需求来制定培训计划，缺乏与公务员就培训需求、培训时间的沟通、调查和分析，难以满足不同区域、层次、类别、岗位、领域领导干部和公务员对于科普培训的专门需求。

领导干部和公务员科学素质提升的目标不够明确，靶向不够精准。各类各级领导干部和公务员，所处领域、职责范围和分工各有不同，所面临的具体问题、应对策略差别较大。《中华人民共和国公务员法》对领导干部和公务员实行了分类分级管理，《2018—2022 年全国干部培训教育规划》中也设置了分类分级培训体系。但是，围绕领导干部和公务员的科学素质提升却还没有针对性的重点目

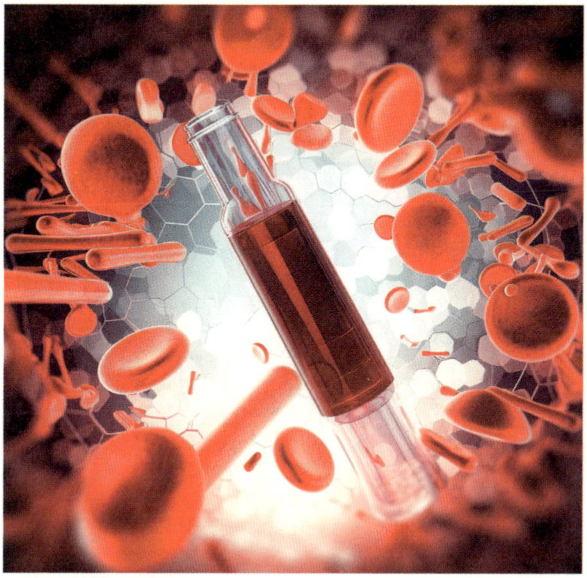

标、分类别分层级分阶段的具体目标以及相应的评价机制。

领导干部和公务员科学素质提升还存在很大空间，不平衡不充分问题日益突出。不平衡首先体现为东部地区和中西部地区、大城市和小城市、城镇和乡村之间，整体的公民科学素质水平以及领导干部和公务员群体的科学素质水平差距较大；其次为资源条件不平衡，基层领导干部和公务员获取科学素质公共服务的机会偏少。不充分问题则体现为针对领导干部和公务员的科普有效供给不足，落实“科学普及与科技创新同等重要”的制度安排还没有形成等。

针对领导干部和公务员的科技资源和基础设施缺乏。调查显示，公务员对科普设施利用率和知晓率较低。如科技馆主要是面向青少年开展科学普及工作，而新时代文明实践中心（所、站）科技与科普服务平台等主要对象是农民、城镇劳动者和社区居民。目前，专门针对公务员科学素质提升的场所比较少，这些因素都影响了公务员及时获取和掌握所需要的各类科技信息。目前，公务员获取科技信息主要来自报纸、电视、互联网，获取渠道比较单一。随着科技知识的迅猛发展，知识老化速度的加快以及人文社会科学专业出身的公务员不能积极主动去阅读科普读物，了解更多现代科技知识，使得公务员难以掌握科学知识和方法，从而直接影响了其科学素质水平的提高。同时，针对公务员从互联网获取科普知识的情况，他们认为互联网媒体上相关内容的科学性和规范性不高。究其原因，当下社交媒体高度发达的环境里，部分新媒体自身的科学素质不高，也就导致科普内容从源头上无法保证其科学性和规范性，特别是转基因、核电、基因编辑、二甲苯的毒性等争议性科技话题传播过程中失范现象严重。这就导致当前网络上科学谣言大量存在、广泛传播，也致使公务员群体获取规范、科学的科普内容困难重重。

进入新发展阶段，贯彻新发展理念，构建新发展格局，我们面临的形势日趋复杂，任务更艰巨，风险挑战更多，需要解决的问题越来越多样、越来越复杂。新时代领导干部和公务员面临的决策情境和模式发生了显著变化。逆境中的决策、利益再分配决策、执行中的再决策不断增多，而因社会变迁引发的认知冲突、价值冲突和制度冲突等又构成新时代领导干部能力发展的现实约束，因而对领导干部和公务员的能力素质提出了更多、更高的要求。

对此，党中央明确要求，“要健全提高党的执政能力和领导水平制度健全决策机制，加强重大决策的调查研究、科学论证、风险评估”。习近平总书记也深刻指出，“我们要在危机中育先机、于变局中开新局，干部特别是年轻干部要提高政治能力、调查研究能力、科学决策能力、改革攻坚能力、应急处理能力、群众工作能力、抓落实能力，勇于直面问题，想干事、能干事、干成事，不断解决问题、破解难题”。以上各项能力正是当前领导干部和公务员面临考验的方面，也是需要不断提高的方面。

公务员科学素质指引公民科学素质发展

科学素质（Scientific Literacy），是 1952 年由美国教育改革家詹姆斯·科南特（James B. Conant）首次提出的。70 多年来，“科学素质”议题经历了从教育议题到政策议题的发展历程，国际上对科学素质内涵的理解不断丰富和完善。在我国“科学素质”也称“科学素养”，实际工作中常将二者视为同义词。

公民的科学素质是随着社会和经济的发展不断变化而更新，有着深厚的时代背景。至今，科学素质还没有形成统一、广泛认可的表述，以下为几个代表性的表述：

国际经济合作组织（APEC）认为，科学素质是运用科学知识，确定问题和作出具有证据的结论，以便对自然世界和通过人类活动对自然世界的改变进行理解和作出决定的能力；

国际学生科学素质测试大纲（PISA）中提出，科学素质的测试应该由三个方面组成：科学基本观念、科学实践过程、科学场景，在测试范围上由科学知识、科学研究的过程和科学对社会的作用三个方面组成；

美国学者乔恩·米勒（Jon D. Miller）认为，公众科学素质由相互关联的三部分组成：科学知识、科学方法和科学对社会的作用。具体说就是，具有足够的可以阅读报刊上各种不同科学观点的词汇量和理解科学技术术语的能力，理解科学探究过程的能力，关于科学技术对人类生活和工作所产生的影响的认识能力；

欧盟国家科学素质调查的领导人约翰·杜兰特（John Durant）认为，科学素质由三部分组成：理解基本科学观点、理解科学方法、理解科学研究机构的功能。

2021年，国务院办公厅印发《全民科学素质行动规划纲要（2021—2035年）》。该方案对“十四五”期间我国公民科学素质实现跨越提升作出总体部署。该方案指出，科学素质是国民素质的重要组成部分，是社会文明进步的基础。该方案提出，到2025年我国全民科学素质工作的目标是：我国公民具备科学素质的比例超过15%，各地区、各人群科学素质发展不均衡明显改善。科普供给侧结构性改革成效显著，科学素质标准和评估体系不断完善，科学素质建设国际合作取得新进展，“科学普及与科技创新同等重要”的制度安排基本形成，科学精神在全社会广泛弘扬，崇尚创新的社会氛围日益浓厚，社会文明程度实现新提高。到2035年的远景目标是：我国公民具备科学素质的比例达到25%，城乡、区域科学素质发展差距显著缩小，为进入创新型国家前列奠定坚实社会基础。科普公共服务均等化基本实现，科普服务社会治理的体制机制基本完善，科普参与全球治理的能力显著提高，创新生态建设实现新发展，科学文化软实力显著增强，人的全面发展和社会文明程度达到新高度，为基本实现社会主义现代化提供有力支撑。这就要求重点围绕践行社会主义核心价值观，大力弘扬科学精神，培育理性思维，养成文明、健康、绿色、环保的科学生活方式，提高劳动、生产、创新创造的技能，在“十四五”时期实施面向青少年、农民、产业工人、老年人、领导干部和公务员等五个群体的科学素质提升行动。

2022年，中共中央办公厅、国务院办公厅印发了《关于新时代进一步加强科学技术普及工作的意见》。该文件指出，到2025年，科普服务创新发展的作用显著提升，科学普及与科技创新同等重要的制度安排基本形成，科普工作和科学素质建设体系优化完善，全社会共同参与的大科普格局加快形成，科普公共服务覆盖率和科研人员科普参与率显著提高，公民具备科学素质比例超过15%，全社会热爱科学、崇尚创新的氛围更加浓厚。到2035年，公民具备科学素质比例达到25%，科普服务高质量发展成效显著，科学文化软实力显著增强，为世界科技强国建设提供有力支撑。

《中华人民共和国公务员法》中明确指出："公务员，是指依法履行公职、纳入国家行政编制、由国家财政负担工资福利的工作人员。"公务员履行公职决定了其必须了解必要的科学知识，具备科学精神和科学的世界观以及用科学的态度和方法判断、处理各种事务的能力，这也是公务员科学素质的内涵所在。公务员科学素质的高低，决定了他们参与国家事务管理的科学性和有效性。

提高公务员的科学素质在提高全民科学素质中具有示范意义。早在2006年，国务院发布的《全民科学素质行动计划纲要（2006—2010—2020年）》中就已明确，以未成年人、农民、城镇劳动人口、领导干部和公务员为重点人群开展科学素质提升行动计划，带动全民科学素质的整体提高。特别是将领导干部和公务员的科学素质作为重中之重，强调"领导干部和公务员的科学素质在各类职业人群中位居前列"的目标，具有深远的战略意义。如果从各人群在提高科学素质中所起的作用程度及其应该重视程度的视角来看，领导干部和公务员无疑应该排在第一位。因为公务员的科学素质代表的不仅仅是一个群体，他们还直接和间接地影响着一批人。例如，公务员肩负着管理国家事务和社会公共事务的职责，对国家的重大项目和重要政策拥有一定的决策权，同时也对市场的资源配置起着宏观调控的作用。其科学素质水平不仅影响着他们的科技管理能力、创新能力以及科学决策能力，还影响着我国科技、经济的发展以及公民对科学素质的认知程度。只有公务员自身掌握了一定的科学知识、科学方法以及具备了一定的科学管理能力和科学决策能力，才能够向公民普及与日常生活相关的科学常识、科学方法，发挥公务员重要的示范和引领作用。

1921年，中国共产党一经成立，就深刻认识到科学技术的重要性。从党的建设历程来看，党始终重视干部队伍科学素质的建设。1937年5月，毛泽东同志在延安召开的中国共产党全国代表会议上，发表了题为《为争取千百万群众进入抗日民族统一战线而斗争》的文章，就曾强调：我们的革命依靠干部，干部决定一切。到了1942年1月，毛泽东在为《文化课本》所写的序言中指出："一个革命干部，必须能看能写，又有丰富的社会常识与自然常识，以为从事工作的基础与学习理论的基础。”革命家、教育家徐特立在延安时期曾说过：“科学！你是国力的灵魂，同时又是社会发展的标志。所以，前进的政党必然把握着前进的科学。”这句话阐明了科学与国力、社会、政党之间的关系，至今对我们建设世界科技强国和提高全民科学素质仍具有重要的指导意义。1994 年 12 月，中共中央、国务院发布了《关于加强科学技术普及工作的若干意见》，将领导干部作为科普工作重点对象之一。

公民科学素质的提升需要公务员起到引领与榜样作用。当前，领导干部和公务员是社会发展目标的确定者和社会主义现代化建设的组织者、推动者和实践者，是建设和谐社会、实现中华民族伟大复兴中国梦的“领头羊”。领导干部和公务员科学素质的提高会起到引领、反哺社会的作用。同时，全民科学素质的提高，要靠政府推动，就离不开广大公务员的作用发挥。

公务员考试中增加科学素质内容在社会上具有引领和示范价值。2006 年，中组部、人事部等共同制定的《2006 年—2010 年领导干部和公务员科学素质行动实施工作方案》中提出，将在公务员录用考试和选拔领导干部考试中加入提高科学素质相关的内容，建立对公务员科学素质的评估监控体系。《方案》具体指出，中组部在党政领导干部、国有企业负责人公开选拔考试大纲和题库中，进一步丰富与提高科学素质要求有关的具体内容；人事部在公务员录用考试中，强化对科学素质的测查；人事部、科技部、中国科协适时启动领导干部和公务员科学素质监测、评估标准制定工作，逐步建立健全科学、完善的监测、评估体系。增加公务员录用考试和选拔领导干部考试中科学素质的内容，不仅对于提高领导干部和公务人员自身科学素质，而且对于提高全民科学素质，缩小与发达国家和城乡之间的差距，提高国际竞争力都具有示范意义。后续的《领导干部和公务员科学素质行动实施工作方案（2011—2015）》等文件延续了这一精神。

2020 年，南京市公民具备科学素质的比例达到 17.6%，位居全省首位、全国

城市第四位；各区、江北新区的公民具备科学素质的比例稳中有升；创新、协调、绿色、开放、共享发展理念深入人心；重点人群科学素质提高明显，城乡居民之间科学素质差距逐步缩小；科学素质服务能力大幅提升，科学教育与培训体系不断完善，大众传媒、科普基础设施的科普功能不断增强，科普资源更加丰富，科普人才队伍进一步发展壮大；科学素质的宣传动员、组织实施、资源共享机制逐步完善，社会化科普工作格局加快形成。在取得显著成绩的同时，也存在一些在取得显著成绩的同时，也存在一些问题和不足。“十四五”时期，在《全民科学素质行动规划纲要（2021—2035 年）》《江苏省全民科学素质行动规划（2021—2035 年）》陆续出台后，2022 年，南京市积极响应，出台了《南京市全民科学素质行动规划纲要实施方案》。结合南京实际，南京市面向青少年、农民、产业工人、老年人、领导干部和公务员重点组织开展五项科学素质提升行动，以及实施科教资源科普化工程、科普信息化提升工程、科普基础设施建设工程、基层科普能力提升工程、科学素质开放合作工程等五项科普基础工程。目标到 2025 年，南京市公民具备科学素质的比例超过 22%，全社会科普意识明显提高，区域发展不均衡明显改善；科普供给侧结构性改革成效显著，科普能力明显增强，科普基础设施建设稳步推进；科学精神在全社会广泛弘扬，崇尚创新的氛围日益浓厚，社会文明程度得到新提高；科学素质建设的体制机制进一步完善，国际和区域合作交流达到新高度，科普保障条件建设获得长足进展。

公务员科学素质对经济社会发展的意义

相对社会其他人群而言，由于其特定的社会角色和承担的社会职能，公务员科学素质具有一定的特殊性。比如，随着经济的发展，当前公务员的学历水平普遍得到提升，大多数公务员具有比较高的科学素质。而面向普通公民设置的科普手段和设施，很难满足他们的要求。在现实中，公务员对科普的趣味性、新颖性并不太在意，而更多关注科普活动的知识性、实效性。特别是当前领导干部和公务员大多见多识广，鉴别力和欣赏能力不断提高，他们对科普活动的开展有着比普通公民更高的要求。同时，对公务员科普内容层次的要求也更高。我们所说的公民具备的基本科学素质，一般指了解必要的科技知识，掌握基本的科学方法，树立科学思想，崇尚科学精神，并具有一定的应用科学处理实际问题、参与公共事务的能力，即所谓的“四科两能力”。综合表现为学习科学的欲望、尊重科学的态度、探索科学的行为和创新科学的成效。对于公务员的要求是“树立和落实科学发展观，弘扬科学精神、提倡科学态度、讲究科学方法”。显而易见，对公务员的要求比其他公民要高一些。

科学素质是国民素质的重要一维，事关实现高水平科技自立自强，事关建设世界科技强国。对于公务员而言，科学素质是公务员胜任力必备要素。提高公务员科学素质对于经济社会发展具有重要的意义。

提高公务员的科学素质直接影响决策的科学化、民主化和科学管理的水平。邓小平同志曾强调：“能不能把我国的科学技术尽快地搞上去，关键在于我们党是不是善于领导科学技术工作。”公务员是贯彻党的方针、落实党的政策的制定者和组织者，同时也是社会主义现代化事业的建设者和领导者。他们直接面对的是广大人民群众，处理的是各种公共事务，做出的是各种决策决定。特别是面对科技进步日新月异、知识更新不断加快的新局面，公务员必须善于学习当代科学技术知识、善于思考科学发展规律、善于运用科学发展成果，才会在实践中履行好工作职责，才能更好地践行共产党人的初心和使命。大而言之，他们的科学素质不仅直接影响到决策科学化民主化和科学执政、科学管理，还关系到国家和民族的发展。提高广大公务员的科学素质，对于其树立和落实科学发展观，增强科学行政、驾驭经济、处理复杂矛盾和问题的能力，并带动全民科学素质的提升，都具有十分重要的意义。

提高公务员的科学素质是转变政府职能、深入推动改革的需要。在社会主义市场经济条件下，政府既是宏观经济的调节者，又是市场秩序的维护者；既是社会公正的保障者，又是公共产品与服务的提供者。目前，转变政府职能，就是要将该由政府管的事真正管住、管好、管到位；不该管的事坚决交给市场，从而实现减少对微观经济的直接干预。结合当前国内外经济发展形势来看，我国经济运行与发展正处在一个非常重要的时期，当前我们已经进入了改革的深水区和攻坚期。从当前经济发展中的突出矛盾和问题看，当前的改革承载着不可回避、复杂艰巨的历史使命，改革进程中必将面临大阻力、大困难、大风险。面对诸多困难，能否增强信心，创新理念，破解难题，也是对我们领导干部科学素质的考验。具备较高素质的领导干部，必将在这一过程中，高瞻远瞩，锐意改革，勇于探索，致力于形成中国特色的社会管理模式，科学确定政府与社会的定位，正确处理公平与效率的关系，完善公平合理的社会改革体系，从而有效地协调社会利益和化解社会矛盾。

提高公务员的科学素质有助于推动实现“两个一百年”奋斗目标和中华民族伟大复兴“中国梦”。党的十九大报告对党员干部提出增强“八个本领”的要求，其中科学素质是核心本领之一。习近平总书记强调：“国家治理体系和治理能力是一个国家的制度和制度执行能力的集中体现……只有以提高党的执政能力为重点，尽快把我们各级干部、各方面管理者的思想政治素质、科学文化素质、工作本领都提高起来，尽快把党和国家机关、企事业单位、人民团体、社会组织等的工作能力都提高起来，国家治理体系才能更加有效运转。”实现国家治理能力现代化，公务员是关键的少数。在推进国家治理现代化进程中，培养科学素质较高

的公务员队伍，锻造新时代的领导力，就是解决前进动力的问题之一。特别是在推动创新型国家的建设中，公务员科学素质也是科技成果转化为现实生产力、调整产业结构的关键因素。

参考文献

[1] Freeman C. Technology policy and economic performance：Lessons from Japan[M]. Printer Publishers，1987.

[2] Schumpeter J A. The theory of economic development[M]. Cambridge MA：Harvard University Press，1912.

[3] 耿庆彪 . 论邓小平科技思想的丰富内涵 [J]. 中共银川市委党校学报，2007（12）：33–36.

[4] 李红林 . 领导干部和公务员科学素质提升的挑战与对策 [J]. 科普研究，2021，16（4）：74–79,110.

[5] 柳卸林 . 国家创新体系的引入及对中国的意义 [J]. 中国科技论坛，1998(2)：28–30.

[6] 陆高峰 . 公务员考试中增加科学素质的示范意义 [J]. 四川党的建设（城市版），2007（01）：49.

[7] 全民科学素质行动规划纲要（2021–2035 年）[M]. 北京：人民出版社，2021.

[8] 任磊，苏虹，冯婷婷，杨建松，高宏斌 . 我国领导干部和公务员科学素质的发展状况与特征分析——基于第十二次中国公民科学素质抽样调查的实证研究 [J]. 科普研究，2023，18（3）：49–56+112–113.

[9] 王立新 . 提高领导干部和公务员科学素质对策研究 [J]. 未来与发展，2019（11）：32–41.

[10] 王婷 . 全民科学素质行动背景下公务员队伍科学素质建设 [J]. 学会，2021（11）：50–53.

[11] 王挺 . “两翼理论” 的思想源起和内涵认识 [J]. 科普研究，2022，17（1）：5–12+100.

[12] 杨艳梅 . 基于历史回顾的中关村先行先试改革的政策创新及现实意义研

究 [J]. 科技经济导刊，2023，31（1）：44–56.

[13] 杨艳梅 . 提升领导干部和公务员科学素质的意义与途径 [J]. 科协论坛，2015（1）：29–31.

[14] 张超 . 何薇，高宏斌 .2007 领导干部和公务员科学素质典型调查 [J]. 科普研究，2008，3（06）：59–64.

[15] 张思光，吴坎坎，武向平 . 我国公务员科学素质建设的现状、问题及建议——基于广东、湖北、新疆的问卷调查分析 [J]. 中国科学院院刊，2020，35（9）：1123–1132.

[16] 郑晋鸣 . 南京展开全民科学素质行动 [N]. 光明日报，2006–8–20（002）.

[17] 郑念 . 科普如何为中国式现代化固基赋能 [J]. 人民论坛 · 学术前沿，2023，（3）：93–99.

[18] 郑永和，杨宣洋，徐洪，卢阳旭 ."两翼理论"指导下科普事业发展路径的思考 [J]. 科普研究，2022，17（1）：13–18+32+100.

[19] 郑念，汤书昆 . 科普社会化协同的中国理论与实践 [M]. 北京：社会科学文献出版社 · 皮书分社，2024.

[20] 中华人民共和国人大法工委 . 中华人民共和国科学技术普及法 [M]. 北京：法律出版社，2002.

2

第二章

近年来我国科技事业发展取得的重要成就

国家创新体系建设

国家创新体系是创新系统理论在我国国家创新管理与制度建设方面的发展和实践。当前我国经济已由高速增长阶段转向高质量发展阶段，经济的高质量发展迫切需要加强国家创新体系的转型、建设。党的十九届五中全会提出，把科技自立自强作为国家发展的战略支撑，完善国家创新体系，加快建设科技强国。

在当代社会，科技是现代经济发展的引擎和国家安全的保障，科技创新已成为国家竞争优势的重要来源。国家创新体系是一国为促进创新而设立的一系列机构和制度，其联系紧密程度对于一个国家的科技创新活动具有极其重要的作用。我国已建立具有中国特色的国家创新体系，但是当前科技创新和经济发展面临的国内外环境发生了重大变化，原有的追赶型创新体系已无法适应新时代国家科技创新发展需求。2021 年 5 月 28 日，习近平总书记在中国科学院第二十次院士大会、中国工程院第十五次院士大会、中国科协第十次全国代表大会的讲话指出：“立足新发展阶段、贯彻新发展理念、构建新发展格局、推动高质量发展，必须深入实施科教兴国战略、人才强国战略、创新驱动发展战略，完善国家创新体系，加快建设科技强国，实现高水平科技自立自强。”党的二十大报告提出，未来五年科技创新的发展目标是“科技自立自强能力显著提升”，到二〇三五年“实现高水平科技自立自强，进入创新型国家前列”。为实现上述目标，亟须建立面向科技自立自强的国家创新体系。

国家创新体系建设历程

1912 年，自约瑟夫·熊彼特（Joseph A. Schumpeter）将“创新”引入经济系统后，围绕创新活动、创新绩效的理论研究和实践研究逐渐丰富，并推动了国家创新系统理论的形成与发展。1985 年，国际创新理论先驱伦德瓦尔从系统主体和关联视角定义了创新系统概念，认为它是指经济中开展不同类型研究活动的机构间的分工与协作。1987 年，英国著名学者克里斯·弗里曼（Christopher Freeman）提出了国家创新系统（National Innovation System, NIS），认为 NIS 是由公共和私有部门、机构组成的网络，其通过制度性的组织活动和相互作用，实现新知识和技术的创造、引入、改进和扩散，以提升经济绩效。国家创新系统是生产和制度结构在国界范围内高度一致背景下，基于企业和产业在国界地域内集聚态势所提出的创新系统理论。基于系统主体、结构视角的概念将国家创新系统定义为实现知识、技术创造和应用的各机构链接形成的关系网络。

自 20 世纪 90 年代，我国引入与发展创新系统理论，从理论层面支撑了我国国家创新体系建设。以路甬祥、石定寰、冯之浚、李正风、柳卸林、王春法等为代表的我国学者将创新系统基础理论与国情相结合，围绕我国创新体系制度建设开展了系列研究，为本世纪初的《国家中长期科学和技术发展规划纲要（2006—2020 年）》的研究制定，以及一直以来的科技体制改革作出研究支撑。在创新系统理论引入的基础上，相关学者提出了国家创新体系建设的发展蓝图，如学者王春法提出国家创新体系是一种有关科技知识流动和应用的制度安排，其中科技知识的流动是通过系统内各组成部分相互作用实现的，而相互作用本质上是一种学习，在国界范围内，科技知识的流动效率直接关系到国家经济增长的实绩；学者柳卸林提出后发国家主要通过发展创新制度体系和组织生产形式，完善国家创新体系，实现追赶和超越；学者任锦鸾、穆荣平、周晓思提出国家创新体系镶嵌在经济社会发展体系中，不仅是包括由一个国家各类创新主体、要素、活动组成的创新网络系统，同时也包括创新资源配置、创新行为规范与激励等相关的体制、机制与制度。

21 世纪初，我国经历了向社会主义市场经济体制转变的历史时期，以构建完善国家创新体系为抓手，实现科技与经济的密切结合、经济的可持续发展和国

家竞争力的提高是当时研究的主要思路，其核心是阐述我国体制结构下国家创新体系的主体、结构和功能，并逐步通过调整结构实现创新能力的整体提升。2006 年，国务院颁布实施《国家中长期科学和技术发展规划纲要（2006—2020 年）》，提出中国特色国家创新体系主要包括以企业为主体的技术创新体系、科学研究与高等教育有机结合的知识创新体系、军民结合的国防科技创新体系、各具特色和优势的区域创新体系和科技中介服务体系。2012 年，中共中央、国务院印发《关于深化科技体制改革加快国家创新体系建设的意见》提出加快建设中国特色国家创新体系，提升国家创新体系整体效能的总体要求。2016 年，《"十三五"国家科技创新规划》提出建设高效协同国家创新体系目标，要求明确各类创新主体的功能定位，增强企业的创新主体和主导作用，发挥国家科研机构的骨干和引领作用，发挥高等学校的基础和生力军作用，鼓励和引导新型研发机构发展，充分发挥科技类社会组织的作用，激发各类创新主体活力，系统提升创新主体能力。总体看，我国国家创新体系建设的主体思路是从主体、结构、功能视角进行体制机制改革，是将适合中国国情的各创新主体进行明确的功能定位，并在此基础上通过制度机制推动各主体之间有效关联，形成高效协同的有机网络。

得益于国家创新体系建设的不断强化，我国国家综合创新能力不断提升。其中，研发费用投入占国内生产总值比重持续攀升，科技论文发表总量于 2016 年超越美国达到世界第一，论文被引量位居世界第二。区域创新投入活跃度不断攀升，北京于 2018 年取代硅谷成为全球人工智能投资活跃度最高的区域。企业研发费用占全社会研发费用投入比重超过 70%，创新主体地位日益巩固。

国家创新体系成效与挑战

20 世纪 90 年代后期，国家创新体系概念被引进中国后，迅速成为指导我国科技创新活动的重要理论。在《国家中长期科学和技术发展规划纲要（2006—2020 年）》正式提出建设中国特色的国家创新体系后，我国在国家创新体系建设方面持续发力，现阶段已初步建立起与社会主义市场经济相适应的国家创新体系。

一是各类创新主体日益健全。企业技术创新主体地位不断提升，已成为研发投入和技术创新的绝对主体；高水平大学建设成效显著，成为人才培养和基础研究主体；科研机构深化改革，成为前沿科学技术研究的主体；各类新型研发机构蓬勃兴起，成为传统创新主体的有效补充。

二是国家创新环境不断改善。我国在科技管理体制、科技资源配置、科技评价制度、创新要素流动、市场竞争环境、创新创业生态、创新人才培养、国际科技合作等方面加大改革力度，在多个领域取得重大进展，技术创新的市场导向更加明确，创新环境更加完善，创新氛围更加浓厚。

三是国家创新能力大幅提升。2019 年我国成为国际专利申请最大来源国。2020 年我国学术论文发表总量超过美国，涌现出一批原创性科技成果。2022 年我国研发经费支出首次突破 3 万亿元，研发强度首次突破 2.5%；各类重大科技基础设施投入使用，创新条件不断改善。

然而，随着近年来国内外环境的重大变化，我国科技创新面临挑战。党的十八大报告提出创新驱动发展战略，强调创新是经济社会发展动力，党的二十大报告则将创新驱动发展与科技自立自强紧密联系，凸显了当前我国科技创新面临的紧迫任务。

新科技革命挑战传统创新体系。当前，新科技革命与产业变革正在兴起，科技成为重塑世界竞争格局的主导力量。为在未来国际竞争中占据先机，主要国家纷纷谋划科技创新发展战略，抢占新的科技制高点。而我国在前沿科技领域、基础科学领域还不具备明显竞争优势，严重制约我国创新能力的提高。

逆全球化浪潮挑战传统创新体系。过去很长时间处于全球化浪潮高涨时期，我国习惯于引进技术设备，一定程度上忽视了自主创新能力建设。但随着国际形势发生剧烈变化，一些国家为了维持其领先优势，对核心技术竖起“小院高墙”，阻碍国际上科学技术的交流沟通，试图通过技术封锁打断我国现代化发展的进程。同时，我国科技创新力量比较分散，战略科技力量比较薄弱，在关键核心领域存在“卡脖子”风险。

高质量发展挑战传统创新体系。我国经济已由高速增长阶段转向高质量发展阶段，但是我国的创新体系依然存在一些突出问题，例如传统评价机制不利于产生有实际应用价值的成果，产业自主创新能力较弱，整体处于全球产业价值链的中低端，还没有完全实现自立自强，不能有效支撑高质量发展。

瞄准关键核心技术发力

正如习近平总书记所说：“实践反复告诉我们，关键核心技术是要不来、买不来、讨不来的。只有把关键核心技术掌握在自己手中，才能从根本上保障国家经济安全、国防安全和其他安全。”未来，需要通过进一步的体制机制改革，建立与新时代相适应的国家创新体系。只有实现科技自立自强，才能具备引领新科技革命的能力，才能更好地参与国际竞争，掌握创新发展的自主权，为高质量发展提供强大动力。

创新的基础是知识、人才和基础设施。国家创新的基础包括基础研究、科学教育与科技人才、科学和数字基础设施等。

基础研究是国家创新体系的知识基础，基础研究的突破常常带来重大的技术创新，对企业技术进步有直接的贡献，是培养高技能人才的有效途径。科技人才是国家创新体系建设的核心要素。科学和数字基础设施是创新体系的物质基础。

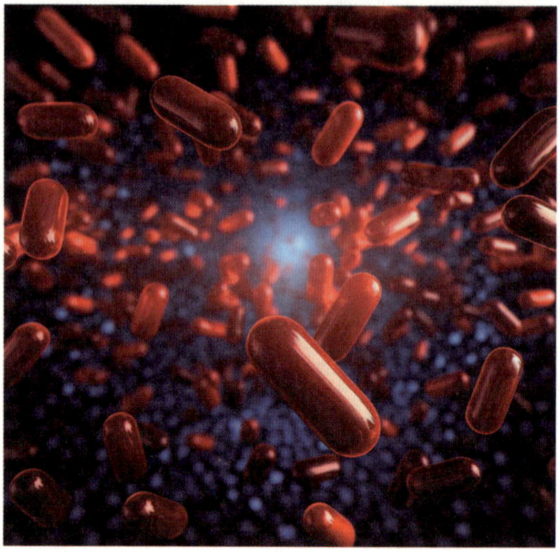

基于市场机制的创新包括技术、产品的创新以及相关环境。以市场为导向，以满足用户需求为根本，是促进新技术、新产品产生和应用的根本机制。市场机制促进企业家和其他创新者响应市场信号，自发地开展创新活动。要保证市场机制充分发挥作用，需要建设良好的制度环境、严格的知识产权保护制度，以及政府实施激励政策，加速企业创新。

国家要优先领域任务实施和关键技术突破。国家优先领域和关键技术指支撑国家经济社会发展、国家安全的重要科技领域，关键技术、前沿技术和重大科技工程等，如清洁能源领域、芯片技术、量子科技，脑科学技术、人工智能技术、大科学工程与装置等。国家优先领域的任务实施和关键技术突破，需要国家规划和投入，组织全国的优势科技力量和科技资源完成。

重大科技项目攻关

重大科技项目已成为世界各国抢占全球科技前沿、提升国家综合实力的重大工具之一。尽管现代意义上的第一个重大科技项目——丹麦哥本哈根汶岛观天堡（Licanienborg）项目1576年就已实施，但直到二战后主要国家才逐步批量实施重大科技项目。我国2006年推出16项国家重大科技专项标志着其作为推动科技与经济社会发展的基本政策工具得到中央认可。党的二十大报告进一步提升了国家重大科技项目在加快建设创新型国家中的战略地位，并突出强调在现有基础上拓展实施国家重大科技项目。

重大科技项目界定

国家重大科技项目是国家最高决策机构针对国家经济社会与科技发展，为满足重大战略需求、应对重大机遇挑战和实现长远重大目标而确定的，需聚集国内外优势科技创新力量和巨量资金进行长期攻关的兼有技术、经济与组织复杂性的科学技术创新项目，直接产出为重大科学技术理论成果、重大战略产品、重大共性关键技术群与综合解决方案或重大科技基础设施与装备，最终产出是形成具有国际比较优势的前沿学科、新兴产业及相应的创新能力，显著提升国家在某一领域和行业的国际竞争力、影响力、领导力。

重大科技项目可分为重大科学项目、重大科技工程和重大科技基础设施项目三类。其中，重大科学项目重在探索突破重大科学技术理论并开展技术验证等，例如载人航天与探月工程、脑科学与类脑研究、量子通信与量子计算机、地球深部探测等；重大科技工程重在开展系列重大技术群攻关以突破工程化应用与产业化发展瓶颈，例如种业自主创新、煤炭清洁高效利用、智能电网、健康保障等；

重大科技基础设施项目重在研制服务于科技创新活动的重大科学设施，例如深海空间站等。结合“四个面向”[①]看，重大科学项目和重大科技基础设施项目主要面向世界科技前沿，重大科技工程则主要面向国民经济主战场和国家重大需求。从创新链看，重大科学项目主要位于创新链上游并适度向中游拓展，重大科技工程主要位于创新链中下游，重大科技基础设施项目则从整体上服务和支撑创新链上中下游。

重大科技项目特征

领域分布聚焦于“四个面向”。无论中外，重大科技项目基本聚焦于面向世界科技前沿、国民经济主战场、国家重大需求，差别在于我国对此做出明确规划而国外通常不明确归类。在具体领域上，美国、欧盟、中国等主要经济体涵盖面较全，以美国最为突出。“四个面向”给拓展实施重大科技项目划定了大方向，我国还强调要瞄准实现科技强国、质量强国、航天强国、网络强国、交通强国、数字中国、智慧社会七大目标，也就是说尽管“四个面向”的范围相对宽泛，但最终落脚点仍是相对明确集中的。

第一，组织模式突出最高权力机构的领导。尽管各国在具体组织模式上存在较大差异，由最高决策机构决策是否实施这一点却高度一致。这不仅是因为重大科技项目事关国家长远发展、核心竞争力、国家安全，而且缘于其需要调动的资金巨大、社会力量庞大等。相对而言，在具体组织模式上，我国相对更加复杂，涉及层面更宽泛，这部分是由我国重大科技项目的相对投入更大、预期更高、影响更广等所致。

第二，承担主体数量众多且准入门槛高。重大科技项目的任务非同一般，都是“最难啃的大骨头”，因此需要组织引导数量众多的创新主体参与其中。参与

---

① “四个面向”即面向世界科技前沿、面向经济主战场、面向国家重大需求、面向人民生命健康。

者必须是有能力挑战科技创新最前沿的引领型团队，具备长线集团作战和攻坚克难的本领，这就要求设置较高的门槛来选拔创新主体以适应战略性重大任务完成的需要。

第三，运行管理强调分工协作和工程化管理。重大科技项目作为一个超大型“科技攻关任务包”，涉及范围广且彼此衔接高度紧密，最终体现为战略性产品、重大科技基础设施和重大科技工程，需要长时间攻关，运行管理上尽管众多承担主体有主次之分，但更强调分工协作、相互配合，任何一个环节的迟滞都可能影响整个项目的完成进度。同时，由于项目任务目标及考核评价参数明确，因此强调任务倒推和时间节点管理也是其显著的特征之一。

第四，经费配置投入规模巨大但方式较灵活。经费投入远超过一般国家重点项目是重大科技项目的基本特征，同时由于牵涉主体类型多、组织模式复杂、运行管理要求高，中央与地方财政投入、创新主体自有资金投入、金融资本与社会资金投入相结合是解决经费问题的常用渠道，前补助、后补助等协同资助是调动各类主体积极性的必然选择，多方风险共担是推动项目加快落地的有效手段，这些都充分体现了重大科技项目在经费配置上的灵活性。

最后，战略目标重在提升国际竞争力和领导力。实施重大科技项目的战略目标至少要着眼于解决国内跨区域或者全国性重大需求、培育国家安全和战略性新兴产业、引领国际重大前沿科技探索等，其期望产生的影响力至少是国家层面，甚至是国际层面的，最终期望通过大幅提高本国在重点科技与创新领域的自主可控能力，显著增强国家某一方面的竞争力、领导力。

案例链接

“揭榜挂帅”和“赛马”制度

2021年，习近平总书记在两院院士大会、中国科协第十次全国代表大会上讲话并指出，要改革重大科技项目立项和组织管理方式，实行“揭榜挂帅”“赛马”等制度。国家“十四五”规划纲要也专门提及。2022年政府工作报告提到“改进重大科技项目立项和管理方式”。“揭榜挂帅”和“赛马”制度就是推动改革的重要举措。

“揭榜挂帅”是指建立以需求为牵引、以能够解决问题为评价标准的新机制，让有能力、有担当的团队承担关键核心技术攻关等重点任务。它打破繁文缛节、条条框框，在给予揭榜者充分信任和授权的同时，明确目标责任，强化问责考核，体现“奖优罚劣”“问责问效”。“赛马”是在探索“揭榜挂帅”机制、优化核心技术攻关体制中的新型项目组织方式。该方式在项目立项时，择优选择多家主体并行攻关，过程中进行阶段性考核、竞争性淘汰，让真正有能力、干得好的主体脱颖而出，提高攻关的质量和效率。当然，“赛马”制度并非万能公式。在一些高难度、不确定性大、比较前瞻性项目可以采用‘赛马’机制。但过多采用可能会造成人力、物力浪费。

“揭榜挂帅”和“赛马”机制是古代招贤纳士的良策在今日的应用，制度创新是科技创新的保障，为我国重大科技项目攻关提供重要支撑。

高新技术产业发展

高新技术产业内涵

美国学者理查德·纳尔逊（Richard R. Nelson）在《高技术政策的五国比较》（*High Technology Policies: A Five-Nation Comparison*）一书中指出：所谓高技术产业是指那些以大量投入研究与发展资金，以及迅速的技术进步为主要标志的产业。高新技术产业的判定标准主要有两个：一个是经济合作与发展组织（Organization for Economic Co-operation and Development, OECD）的标准，另一个是美国商务部（U. S. Department of Commerce）的标准。根据产业研发力度出发，经济合作与发展组织将产业分为高、中、低三类。其中，研究开发经费占销售额比例超过 7.1% 的产业称为高技术产业，超过 2.7% 的定义为中技术产业，2.7% 以下的称为低技术产业。

美国商务部在衡量产业是否为高新技术产业时主要包括四项指标：第一，科学家、工程师和技术工人占全部职工的比重；第二，产品的主导技术必须属于高新技术领域；第三，必须包括高新技术领域中处于前沿的工艺和技术创新；第四，新产品研发费用占销售额的比重达到一定规模。

国际上大都把生物技术及相关产业、新型材料产业、信息技术产业、航空航天技术产业、能源技术产业及海洋开发产业列为高新技术产业。当然，高新技术产业本身是动态的、发展的概念，由于各个国家所处的工业化的发达程度不一样，各自对于高新技术产业的理解和判断不一样，定义也有所区别。我国对高新技术有自己的理解：“高新技术是我国为了便于应用先进的适用技术和高技术来提高我国产业的整体技术水平而特定采用的技术分类术语，是指新型技术、创新的成熟技术以及专利技术、专业技术和本国本地区没有的技术。”

高新技术产业发展历程

在国际竞争日趋激烈的形势下，各国之间的竞争主要体现为以科技为先导、以经济为基础的综合国力的竞争。高新技术产业以其科技含量高、市场潜力大、产业关联度高、附加价值高、污染程度低、能源依存度低等优点吸引着人们的眼球。只有大力发展高新技术产业，才能抢占高科技的制高点。

发达国家最先把发展高新技术列入国家的首要战略任务，制定相关的政策和措施，努力发展高新技术产业，试图占据世界经济的制高点，以增强本国竞争力。20 世纪 80 年代，我国高新技术产业园区起步以来，对促进科技成果的转化、培育创新型的高科技企业和企业家、孕育新的技术革命和新兴产业、推进新型经济的发展进程发挥了根本性的推动作用。我国高新技术产业开发区以智力密集和开放环境条件为依托，主要依靠国内的科技和经济实力，充分吸收和借鉴国外先进科技资源、资金和管理手段，通过实施高新技术产业的优惠政策和各项改革措施，实现软硬环境的局部优化，最大限度地把科技成果转化为现实生产力。

建设高新技术产业开发区，是我国经济和科技体制改革的重要成果，是符合我国国情的发展高新技术产业的有效途径。现阶段要进一步依靠体制创新和科技创新，强化功能建设，营造吸引优秀科技人员和经营管理者创新创业的良好环境，成为科技创新和产业化发展重要基地，在区域经济发展中发挥辐射和带动作用。

我国在 1986—1988 年，先后启动了“863”计划和“火炬”计划，并于 1988 年建立了第一个国家级高新区——北京新技术产业开发试验区，开始着力发展高新技术产业。随后，作为我国创新发展的一面旗帜，中关村国家自主创新示范区从先行先试的“试验田”到改革发展的“先行者”，从探索制度破冰到着眼整体性制度设计，在管理体制改革、科技体制改革以及企业创新服务等方面不断实现首创性突破。

此后，我国根据高新技术发展的状况，创办了一批高新技术开发区和经济技术开发区，形成了以珠三角、长三角和环渤海为代表的高新技术产业带，这些地

带已经成为我国高新技术产业发展的主要基地。我国的一部分高新技术已经在世界上处于先进水平或领先水平，并正逐渐形成产业规模，在国际市场上开始具有较强的竞争力。

“十一五”时期，围绕《国家中长期科学和技术发展规划纲要（2006–2020年）》的战略部署，通过全面实施国家863计划、973计划、科技支撑计划、火炬计划、科技型中小企业技术创新基金等科技计划，一批科技重点工程、重大项目取得丰硕成果，高新技术产业化取得重要进展；在火炬旗帜的引领下，大力推进体制机制创新，我国高新技术产业化环境建设工作取得突破性进展，完善了自主创新政策体系，培育了一大批以技术创新实现市场价值的高新技术企业群体，在若干领域实现了我国高新技术产业集群式发展的突破，为经济社会发展提供了有力支撑。

2009年以来，面对国际金融危机的严峻挑战，我国不断强化高新技术产业发展工作，在一些方面取得了较大进展。《中华人民共和国国民经济和社会发展第十四个五年规划和2035年远景目标纲要》指出：支持北京、上海、粤港澳大湾区形成国际科技创新中心，建设北京怀柔、上海张江、大湾区、安徽合肥综合性国家科学中心，支持有条件的地方建设区域科技创新中心。

高新技术产业发展意义

20世纪80年代以来的高科技革命成果，表明了高新技术产业在军事、经济和社会上的重大影响。在高新技术产业的产值份额越来越大、重要性越来越突出的条件下，高新技术产业发展问题具有重大意义。

“十四五”规划强调要强化国家战略科技力量，生物医药、生物技术在列，在量子信息、光子与微纳电子、网络通信、人工智能、生物医药、现代能源系统等重大创新领域组建一批国家实验室。实施生命健康等八大领域的科技攻关，瞄准人工智能、量子信息、集成电路、生命健康、脑科学、生物育种、空天科技、深地深海等前沿领域，实施一批具有前瞻性、战略性的国家重大科技项目。

世界各国的发展经验表明，哪国掌握了最前沿的高新技术，形成领先的高新技术产业，哪国就抢占到制高点，就能够更加独立地参加世界范围的竞争。世界各国都认识到了高新技术产业发展的重要性，将高新技术的发展放在了国家战略的重要位置，积极鼓励与支持高新技术产业的发展。

高新技术产业的发展对于改变经济结构、转变经济增长方式有着重大的作用。自 21 世纪开始，高新技术产业对于产业结构的升级至关重要，已成为未来发展的战略性产业，成了反映国家综合竞争力的焦点。高新技术产业的发展有利于改变经济发展方式，调整产业结构；有利于提升和改造传统产业，培育和形成新的支柱产业。高新技术产业具有知识含量高、污染排放少、产业关联度大、附加值高等优点。随着世界经济发展进入了低速阶段，资源约束越来越明显，世界各个国家都在大力发展高新技术产业，减少环境污染，以获得经济的较快增长。我国人均资源水平低，加之长期处于粗放式的高增长过程中，对资源的消耗很大，污染问题非常突出，单位投入产出比率较低。因此，大力发展高新技术产业，对于刺激经济增长，减少资源消耗和环境污染，推动相关产业的发展具有重要的意义。

发展高新技术产业将有助于促进政府职能转变和体制创新。高新技术产业作为战略性产业，研发风险非常之大，对国家政策的依赖性很大。国家的政策与法规以及规划对于高新技术产业发展具有指引作用。高新技术产业的发展状况是反映一个国家或地区科技发展水平的重要方面，是制定国家和地方科技发展规划、政策，进行宏观管理的重要依据之一。因此，这对于国家政策制定的水平和科学性有很大的考验。国家需要从各个角度考量，制定各种层次的政策来引导和支持高新产业的发展，以及协调高新技术产业与其他产业之间的关系。政府需要通过职能转变和体制创新，来适应高新技术产业管理的需要。综合利用法律、行政与市场的手段来对高新技术产业进行管理。因为高新技术产业最重要的是创新能力，所以需要比较完善的激励机制才能够激发其创新能力。

我国作为发展中国家，提高高新技术产业的发展水平对于追赶世界发达国家的技术水平，提高我国高新技术产品的竞争力，改善产业结构，引领经济增长有着重要的作用。

案例链接

挺进世界一流高科技园区

习近平总书记2023年7月在苏州工业园区考察，要求园区“建成具有国际影响力的科技创新中心”，“打造开放创新的世界一流高科技园区”。

园区从多个方面推动打造世界一流高科技园区。首先，培育企业创新主体，园区对不同阶段科技企业实施动态入库、分层孵化、梯次培育，集聚创新企业超万家。其次，持续壮大企业梯队，推进高企培育“一号工程”，实施独角兽、瞪羚企业培育计划，强化企业上市政策牵引。再则，布局创新策源平台，园区顶格服务推进苏州实验室入轨运行，高水平建设“一区两中心”［国家生物药技术创新中心、国家第三代半导体技术创新中心（苏州）、国家新一代人工智能创新发展试验区核心区］，持续推动姑苏实验室、纳米真空互联实验站等创新平台提升能级，战略科技力量布局实现突破，同时引进大院大所、省级以上研发机构，积极培育新型研发机构，科技创新能力全面跃升。另外，集聚全球高端人才，建设高能级人才载体，依托重大创新平台，凝聚郝跃、詹启敏等院士、科学家，引进一批生物医药、第三代半导体、人工智能领域高层次人才团队落地园区。除此之外，还有多项举措不断推进落实。

2024 年是苏州工业园区开发建设 30 周年，苏州将以此为契机，强化创新链、产业链、资金链、人才链深度融合，加快形成新质生产力，建成开放创新的世界一流高科技园区。

国际科技合作进展

我国经济已由高速增长阶段转向高质量发展阶段。我国始终把国际科技合作作为推动科技改革发展的重要内容，作为集聚全球创新资源、提升科技创新能力的重要支撑。党的二十大报告指出，我国要“扩大国际科技交流合作，加强国际化科研环境建设，形成具有全球竞争力的开放创新生态”。这体现了我国积极融入全球创新网络、深度参与全球科技治理的决心，也为构建更大范围、更宽领域、更深层次、更高水平的科技创新开放合作新格局指明了方向。

从新中国成立后的“大规模引进”到开展“经济、技术合作”，再到改革开放时期的“全面学习和引进国外先进技术”；从新世纪广泛、平稳、深入地开展对外科技合作，到党的十八大之后将“创新”要素引入对外科技合作，构建形成全面开放创新新格局，再到党的十九大报告中提出“加强创新能力开放合作”，以及后续提出加快构建“以国内大循环为主体、国内国际双循环相互促进的新发展格局”。国际科技合作极大地带动了科技实力和创新能力的全方位重塑和提升，促进了重要科技创新成果的形成。而始终坚持党对国际科技合作工作的全面领导，是各时期推动国际科技合作并取得重要成果的宝贵经验，使我国在探索实践中逐步构建起了具有中国特色的全方位、多层次、广渠道的国际科技合作工作体系。

中国国际科技合作发展历程

新中国成立至改革开放前（1949—1977 年）

1949 年，中华人民共和国成立。历经 14 年抗日战争和 3 年解放战争后，新中国百废待兴，科技基础极为薄弱。1949 年，我国科技工作者的数量约为 26.12 万。其中，科技类教学人员 4.31 万、科学研究人员 0.12 万、工程技术人员 11.46 万、农业技术人员 0.99 万、卫生技术人员 9.25 万。当时，我国重点发展与以苏联为首的社会主义阵营的关系。相应地，国际科技合作也呈现“一边倒”的特点。中苏关系交恶后的很长一段时间，我国国际科技合作陷入停滞。

改革开放初期至 20 世纪末（1978—2000 年）

1978 年，党的十一届三中全会拉开了改革开放的序幕。1978 年以来，我国先后与法国、联邦德国、英国、意大利、美国签订政府间科技合作协定，并多次邀请美籍华人科学家访华、对外派遣高级别科技访问团。其中，1984 年签订的《中美科技合作协定》影响尤为深远。《中美科技合作协定》遵循《中美建交联合公报》的精神，将科技合作作为加强两国友好关系的重要举措。在《中美科技合作协定》框架下，中美两国先后签订了近 50 个子协定，涵盖能源、交通、水利、环境、农业、测绘、计量标准、材料、民用核技术等多个领域。与发达国家签订的系列科技合作协定，推动了我国科技事业的快速发展。

21 世纪初至党的十八大召开前（2001—2011 年）

2001 年，我国正式加入世界贸易组织。同年，科技部公布《“十五”期间国际科技合作发展纲要》（以下简称《“十五”纲要》）。作为我国首个国家级的国际科技合作规划，《“十五”纲要》对我国国际科技合作工作进行了部署，对全面、有效地开展国际科技合作工作具有重要的指导意义。同时，《“十五”纲要》也正式提出实施“走出去”开放战略，推动科技兴贸。2006 年，科技部公布的《“十一五”国际科技合作实施纲要》（以下简称《“十一五”纲要》）提出要以提高自主创新能力为中心，服务于现代化建设和国家外交工作两个大局，努力在拓展合作领域、创新合作方式和提高合作成效三个方面取得新的突破；要把人才引进工作放在第一位；要把增强我国在国际科技组织中的“话语权”作为一项重点任务，扩大在科技领域的国际影响力。

党的十八大召开以来（2012 年至今）

党的十八大以来，中国特色社会主义进入新时代。新发展理念的提出以及创新驱动发展战略的实施，凸显了创新在经济社会发展中的重要性。2013 年，科技部印发的《“十三五”国际科技创新合作专项规划》提出“加大对外开放，构建面向全球的科技创新合作体系”，为新时期国际科技合作的深入开展指明了方向。2013 年 9 月和 10 月，习近平在出访中亚和东南亚国家期间，先后提出共建丝绸之路经济带和 21 世纪海上丝绸之路重大倡议，即“一带一路”倡议。截至 2023 年 6 月，我国已经同 152 个国家和 32 个国际组织签署 200 余份共建“一带一路”合作文件。在“一带一路”倡议的推动下，我国与沿线国家的多边科技合作取得了长足进展，有效克服了技术封锁问题。并且，随着我国综合国力的不断提升，我国在国际科技合作组织中的话语权不断增强。

“一带一路”倡议提出以来，我国持续推动科技开放合作，完善全球科技治

理，通过全球科技创新协作共同应对时代的挑战。2017 年，习近平主席在首届“一带一路”国际合作高峰论坛上提出，要将“一带一路”建成创新之路，并宣布启动“一带一路”科技创新行动计划。2021 年 9 月 24 日，习近平主席向 2021 中关村论坛视频致贺，强调“中国高度重视科技创新，致力于推动全球科技创新协作，将以更加开放的态度加强国际科技交流”。党的二十大报告指出，要推进高水平对外开放，扩大国际科技交流合作，加强国际化科研环境建设，形成具有全球竞争力的开放创新生态。2023 年 5 月 25 日，习近平主席向 2023 中关村论坛致贺信，指出新一轮科技革命和产业变革深入发展，人类要破解共同发展难题，比以往任何时候都更需要国际合作和开放共享。中国坚定奉行互利共赢的开放战略，愿同世界各国一道，携手促进科技创新，推动科学技术更好造福各国人民。这些都向世界表明我国不断扩大开放、开展国际科技合作的坚定信念。

中国提出《国际科技合作倡议》

2023 年 11 月 6 日，以“共建创新之路，同促合作发展”为主题的首届“一带一路”科技交流大会在重庆举行。中国在会上提出《国际科技合作倡议》，全文如下：

科技创新是人类社会发展的重要引擎，是应对全球性挑战的重要手段。当前，世界百年未有之大变局加速演进，人类发展面临越来越多重大挑战。人类社会比以往任何时候都更需要国际合作和开放共享，通过科技创新合作探索解决全球性问题，共同应对时代挑战，共同促进和平发展。为倡导并践行开放、公平、公正、非歧视的国际科技合作理念，坚持“科学无国界、惠及全人类”，携手构建全球科技共同体，中国提出国际科技合作倡议：

——坚持崇尚科学。以科学的态度对待科学，以真理的精神追求真理。坚持科研诚信，尊重科研伦理，塑造科技向善理念，完善全球科技治理。加强知识产权保护，加强对新兴技术发展的包容与审慎管理。

——坚持创新发展。加强全球科技创新协作，共建全球创新网络，促进新兴技术推广应用，加强企业间创新和技术合作，为世界经济复苏和发展注入新动能。各国应该携手推动数字时代互联互通，加快全球绿色低碳转型，实现全人类可持续发展。

——坚持开放合作。秉承无国界、无障碍的开放科学精神，坚持科技创新人员和资源等在全球范围内自由流动，加强人才交流合作，构建开放自由的国际科技合作生态。坚决反对限制或阻碍科技合作、损害国际社会共同利益。

——坚持平等包容。秉承互相尊重、公正平等、非歧视的合作理念，倡导各个国家和科学研究实体平等参与国际科技合作。坚决反对将科技合作政治化、工具化、武器化，反对以国家安全为借口实施科技霸权霸凌。

——坚持团结协作。面对气候变化、卫生健康、环境保护、能源安全、粮食安全等人类社会迫切需要解决的全球性问题挑战，各国要同舟共济，加强科技创新主体深度协作、互学互鉴，推进实施国际大科学计划和大科学工程，共同突破关乎人类未来命运的重大科技难题。

——坚持普惠共赢。要坚持真正的多边主义，探索互利共赢的全球科技创新合作新模式，促进科技创新成果互惠互享。中国将面向全球设立科学研究基金，并加大对发展中国家科技援助，让科技进步惠及全人类。

案例链接

跨山越海　以国际视野谋创新

开放创新，合作才能共赢。近年来，南京坚持以开放的胸怀拥抱科技创新，以国际视野主动谋划创新。各类主体创新创业活力迸发，积极融入全球创新体系，提升合作层次，为南京打造具有全球影响力的产业科技创新中心主承载区，创造良好外部环境，打下了坚实基础。目前南京已建设一批海外协同创新中心，在《2023 自然指数—科研城市》中，排名第六位，城市创新的国际影响力与日俱增。其中，两项具体举措值得关注。

一是全球专家携手，开展科技攻关。通过全球合作，一项项科技成果走向市场，在南京的产业土壤上茁壮成长。如由东南大学和英国伯明翰大学牵头的 AI 医疗项目，主要围绕应用人工智能和多模态医学影像技术，开发针对脑肿瘤疾病的智能辅助诊断系统。东南大学和英国伯明翰大学强强联合，前期通过国际合作项目共同负责该系统的研发工作，东南大学负责数据标准的制定和采集、系统的设计和研发，对方提供算法优化和专业培训。合作的产品首次实现了多模态磁共振高级成像技术在全年龄段、多种类型的脑肿瘤 AI 辅助诊断的应用，智能化诊断准确率处于行业领先水平。

二是多元主体参与，搭建国际交流"大舞台"。为推动更多国际科创合作，南京积极搭建国际科技合作"大舞台"，企业机构、高校院所等多元主体积极参与，共建全球创新创业"朋友圈"。去年一年，就成功举办了 2023 世界智能制造大会、第七届未来网络发展大会、2023 世界半导体大会、2023 南京国际科技合作交流大会等活动，推动各海外协同创新中心开展对接活动 100 余场。

创新，是一场不凡的征途。只有具备全球战略眼光，保持交流、保持创新，创造良好的国际交流氛围，才能打造一个具有活力的科研创新生态系统。

科技产业中心转移（湾区）与经济社会关系

科技产业中心转移（湾区）

全球科技产业中心建设进入新阶段，我国着力于进一步提升科技产业中心科技创新与新兴产业的发展能级与全球影响力，支撑国家科技创新与新兴产业的高质量发展，以科技创新发展一体化来有序推动建设“无边界”的大湾区。科技产业中心聚焦如下重点任务：强化国际科技创新中心建设、提升科技对产业发展的支撑能力、培育世界级新兴产业集群、打造海内外优秀人才的聚集地、推进金融与科技深度融合、建立多元化的科创投入协同机制、探索创新与产业要素流动机制。

在推动新兴产业发展的过程中，旧金山湾区、纽约湾区、东京湾区培育出了具有全球影响力的新兴产业集群，引领全球科技创新趋势。旧金山湾区形成了以新一代信息技术为标志的新兴产业集群，汇集了一批知名的跨国型信息技术企业。纽约湾区通过强大金融资源推动了生物医药发展，位于纽约湾区西北部的新泽西州制药业尤其发达，世界级制药企业总部超过20家，销售额占全球制药业的一半。东京湾区以新一代信息技术为依托，支持传统优势制造业的转型升级，发展成为高度现代化的先进制造业集聚地。并且，数字化产业成为全球发展标杆，市场份

额超全球数字产业的三分之一。

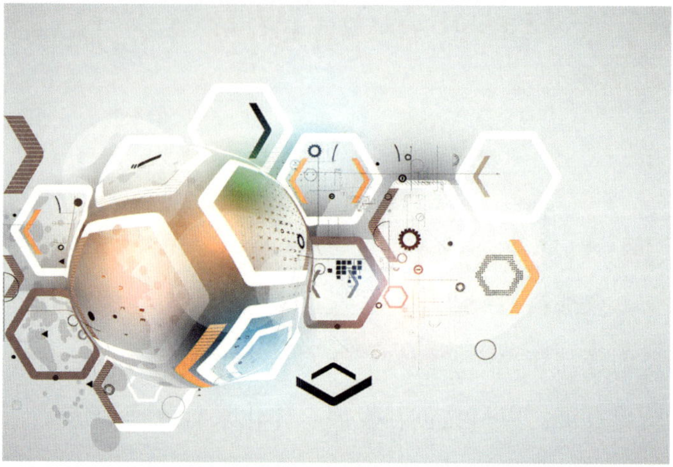

与此同时，由于原始创新能力不足等原因，我国科技产业中心的新兴产业依然存在自主发展受限的风险，尚未建立全球影响力，距离全球科技创新高地和新兴产业重要策源地的目标还存在距离。以粤港澳大湾区为例，粤港澳大湾区在诸多领域的科技创新方面成效显著，但基础研究、原始创新能力相比科技强国存在一定差距，关键核心技术受制于人的情况未能根本性解决。因此，粤港澳大湾区应面向世界科技前沿，强化粤港澳三地创新合作，以更大力度推动基础研究发展，集中力量实施新兴产业关键核心技术攻关，提升科技创新的国际化水平并进入一流行列。粤港澳大湾区与旧金山、纽约、东京等国际湾区，长江三角洲（长三角）、京津冀等国内城市群不同，处于“一个国家、两种制度、三个关税区”的独特制度框架之下，既有发展的制度优势，也面临特有的结构性挑战。粤港澳大湾区科技创新一体化发展的前提在于建成开放、融合、可持续的全球创新与产业高地。高度聚集全球创新与产业要素，企业国际化水平位居世界前列，区域内人员、物资、资金、信息便捷有序流动，创新支撑能力完善且坚实，新兴产业集群具有全球影响力，在更高层次参与国际经济合作和竞争。

科技产业中心转移（湾区）的重要作用

推进科技产业中心转移（湾区）的技术转移体系建设有利于探索破解技术转移行业痛点难题的新路径新方法。当前，技术转移整个行业呈现出“低频、高难、非标、长线”的特性，这成为阻挠我国技术转移行业快速发展的障碍，单纯依靠技术转移机构的力量无法解决。因此，技术转移服务需要积极拓展“朋友圈”，加强资源整合能力，促进多方协作共赢。

推进科技产业中心转移（湾区）有利于探索技术转移机构市场化运营的新模式新机制。2017 年 9 月，《国家技术转移体系建设方案》提出要建立和培育市场化的技术转移机构。然而，纯粹市场化的机构公益属性较弱，加之建设初期受限于资金资源不足很难生存，纯粹政府或科研单位主导的技术转移服务又往往只停留在简单产学研合作的“牵线搭桥”层面。通过采用政府引导、市场运作相结合的方式，可以较好发挥市场优势，有效调动团队积极性，又能发挥政府部门和科研单位的资源协调作用。建设完善科技产业中心转移（湾区）体系，“背靠政府，面对市场”，采取企业化运作方式开展各类技术转移活动。背靠政府保证了技术转移机构初期的快速发展与提供公共服务的方向不偏离，面向市场则改变目前政府建设的科技中介服务平台过于“类政府化”的缺点，通过市场化的手段实现创新资源的优化配置，能够提高运行效率和效益，同时也有利于将科技产业中心转移（湾区）的科研力量和资源纳入国家技术专业体系。

目前，我国国家技术转移“2+N”体系正在不断完善，华南地区虽已建有国家技术转移南方中心，但并未直接将港澳机构纳入国家技术转移体系。在当前国际形势下，港澳特殊的地理位置和政治地位，使其在国家发展格局中地位重新凸显。建设完善科技产业中心转移（湾区），特别是粤港澳大湾区技术转移体系，由华南技术转移中心联合香港生产力促进局、澳门青年创业谷、澳门科学技术发展基金等港澳机构共同建设，真正集聚港澳科研力量和资源，充分发挥港澳地区在基础研究、人才培养、现代金融和知识密集型服务等方面的优势，促进粤港澳三地在创业孵化、科技金融、成果转化、国际技术转让、科技服务业等领域开展深度合作，实现大湾区内创新资源的高效配置和创新要素的有效流动，从而将港澳科研力量和资源纳入国家技术转移体系，进一步完善国家技术转移“2+N”体系。

粤港澳大湾区的实践

2021年12月11日，习近平总书记向2021年大湾区科学论坛致贺信指出：“粤港澳大湾区要围绕建设国际科技创新中心战略定位，努力建设全球科技创新高地，推动新兴产业发展。”推进粤港澳大湾区建设，是习近平总书记亲自谋划、亲自部署、亲自推动的重大国家战略。习近平总书记对粤港澳大湾区建设发表了一系列重要论述。

2018年10月22日至25日，习近平总书记在广东考察时指出，粤港澳大湾区要围绕建设国际科技创新中心战略定位，努力建设全球科技创新高地，推动新兴产业发展。2020年10月14日，习近平总书记出席深圳经济特区建立40周年庆祝大会并发表重要讲话，就深入推进粤港澳大湾区建设作出新的部署。

参考文献

[1] Conant J B. General education in science[M]. Cambridge: Harvard University Press，1952.

[2] Miller J D. Scientific literacy: a conceptual and empirical review[J]. Daedalus，1983（2）：29–48.

[3] Nelson R R. High technology policies: A five nation comparison[M]. Washington: American Enterprise Institute for Public Policy Research，1984.

[4] 陈晓征 . 中国高新技术产业发展模式研究 [M]. 北京：中国经济出版社，2012.

[5] 郭旭红，李一凡 . 新中国成立以来中国科技自主发展的历史进程与经验启示 [J]. 学习与实践，2023（3）：63–71.

[6] 贾晓峰，高芳，胡志民 . 国家创新体系建设的结构、功能、生态视角分析 [J]. 科技管理研究，2021，41（22）：1–6.

[7] 李国杰，程学旗 . 大数据研究：未来科技及经济社会发展的重大战略领域——大数据的研究现状与科学思考 [J]. 中国科学院院刊，2012（6）：647–657.

[8] 刘薇 . 新中国成立以来科技工作者队伍的发展 [J]. 科技导报，2019，37（18）：70–82.

[9] 全国政协科普课题组 . 深刻认识习近平总书记关于科技创新与科学普及“两翼理论”的重大意义 建议实施“大科普战略”的研究报告（系列一）[N]. 人民政协报，2021–12–15（12）.

[10] 全国政协科普课题组 . 深刻认识习近平总书记关于科技创新与科学普及“两翼理论”的重大意义 建议实施“大科普战略”的研究报告（系列三）[N]. 人民政协报，2021–12–17（7）.

[11] 任锦鸾，穆荣平，周晓思 . 创新政策研究支持系统构建 [J]. 科学学与科学技术管理，2006（8）：51–55.

[12] 任孝平，杨云，李子愚，宋雨奇，栗俊杰，孟繁超 . 扩大国际科技交流合作推进高水平对外开放——党的十八大以来国际科技合作工作回顾与展望 [J]. 科技导报，2022，40（20）：33–41.

[13] 王春法 . 国家创新体系理论 [J]. 经济管理，1998（12）：51–52.

[14] 王迎军，曾志敏，张龙鹏，胡燕娟 . 中长期视角下粤港澳大湾区的全球创新与产业高地战略规划研究 [J]. 中国工程科学，2021，23（6）：108–119.

[15] 谢小军 . 以“大科普”开启新时代科普事业新篇章 [J]. 科普研究，2022，17（5）：15–17.

[16] 徐清 . “一带一路”国际科技合作：机制设计与模式创新 [J]. 现代经济探讨，2023（10）：80–87.

3

第三章

新一代人工智能

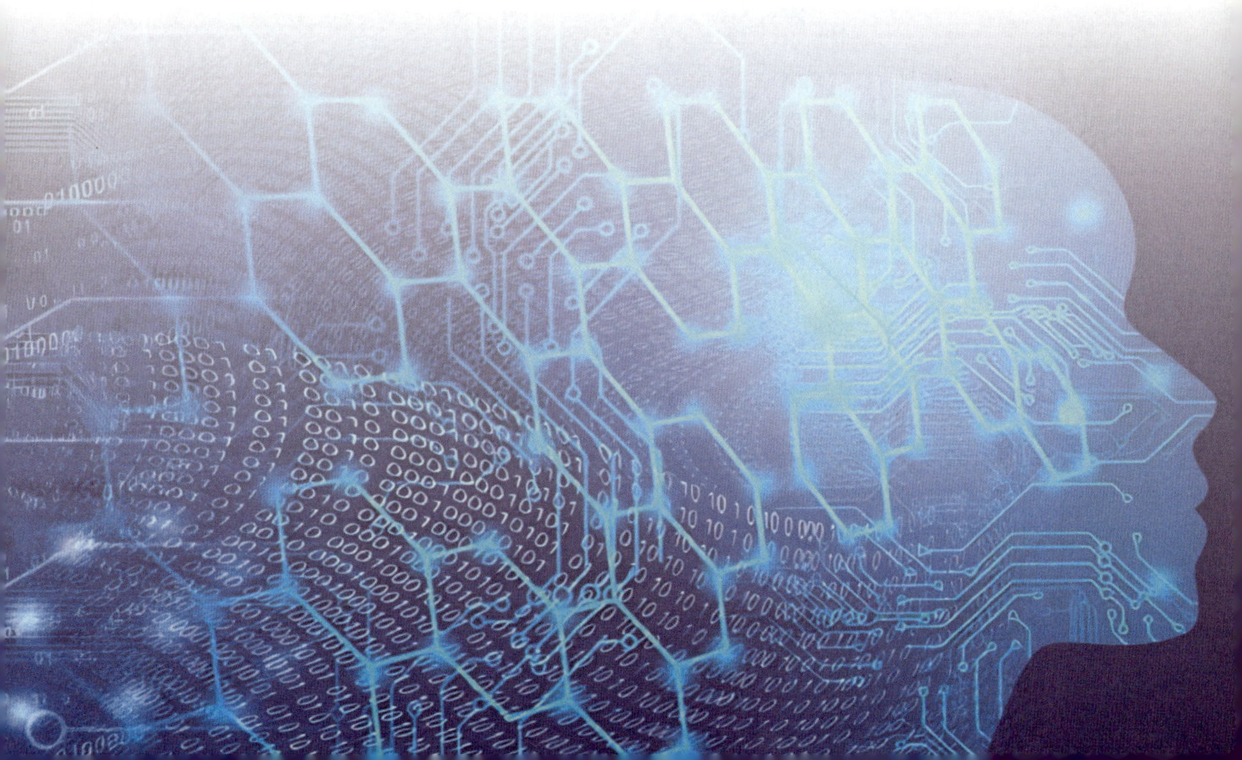

人工智能大模型

人工智能大模型概念

人工智能是一门研究用于模拟、延伸和扩展人类智能并开发相关应用系统的技术科学，涉及哲学、逻辑学、计算机科学、心理学、语言学等诸多学科，涵盖了自然语言处理、语言识别、图像识别、专家系统、机器人等诸多领域。基于深度学习的人工智能技术的研究范式经历了从早期的“标注数据监督学习”的任务特定模型，到“无标注数据预训练 + 标注数据微调”的预训练模型，再到如今的“大规模无标注数据预训练 + 指令微调 + 人类对齐”的大模型，经历了从小数据到大数据，从小模型到大模型，从专用人工智能到通用人工智能的发展历程。

大规模预训练语言模型，也被称为“基座模型”或“大模型”，其特点在于拥有巨大的参数量，构成了复杂的人工神经网络模型。这项技术的提出和实践具有划时代的意义，它标志着人工智能的研究步入了通用人工智能时代。2022年11月30日，OpenAI正式发布了一款聊天机器人ChatGPT，也被称为“生成式人工智能”。在“大模型 + 大数据 + 大算力”的加持下，ChatGPT能够通过自然语言交互完成多种任务，具备了多场景、多用途、跨学科的任务处理能力。ChatGPT在自然语言处理技术上的重大突破为发展通用人工智能提供了契机。

本次人工智能大模型主要由语言大模型引领。语言大模型通过在海量无标注数据上进行大规模预训练，能够学习到大量的语言知识与世界知识，并且通过指令微调、人类对齐等关键技术拥有面向多任务的通用求解能力。在原理上，语言大模型旨在构建面向文本序列的概率生成模型，其发展过程在经历过统计语言模型、神经语言模型之后，已进入预训练语言模型和语言大模型阶段。

大模型具有规模性（参数量大）、涌现性（产生预料之外的新能力）以及通用性（不仅局限于特定问题或领域）等特性。以 ChatGPT 为代表的生成式大模型是基于生成对抗网络、大型预训练模型等人工智能技术的方法，通过对已有数据进行学习和模式识别，以适当的泛化能力生成相关内容的技术。因生成式大模型具有巨量的参数和深度网络结构，是建立在多模态之上的人工智能技术，已展现出惊人的自然语言理解、意图识别、推理、上下文建模、语言生成等多维度的自然语言处理能力，并具有单模型所无法拥有的通用问题求解能力，它被视作通往通用人工智能的一条重要路径。

与以往人工智能相比，生成式人工智能的最大特征在于它的文本生成性。以往人工智能局限于观察、分类和分析信息，而以 ChatGPT 为代表的生成式人工智能则并不局限于分析现有的数据，而且具备了生成新内容的能力。它基于深度学习，特别是神经网络技术分析大量的训练数据来学习数据的分布与模式，使用人工智能算法和模型模仿人类书写内容的文本，以生成在风格、语气和内容上与输入数据相似的新文本，例如程序代码、诗歌、文本、美术作品等。ChatGPT 最受瞩目的功能便是可以生成文本尤其是规范性文本，如论文、方案、数据报表等。

人工智能发展史

人工智能是计算机科学或智能科学中涉及研究、设计和应用智能机器的一个分支。人工智能的近期主要目标在于研究用机器来模仿和执行人脑的某些智力功能，而远期目标是用自动机模仿人类的思维活动和智力功能。

1943 年，美国生理学家沃伦·麦卡洛克（Warren McCulloch）和数学家沃尔特·皮茨（Walter Pitts）合作发表《神经活动内在思想的逻辑演算》（*A Logical Calculus of the Ideas Immanent in Nervous Activity*）一文。该文认为大脑的核心功能，如神经元和突触，可以用逻辑和数学来解释，比如用“AND”“OR”和“NOT”这样的逻辑运算符。该研究提出了世界上第一个人工神经网络模型，即“麦卡洛克—皮茨神经元”。

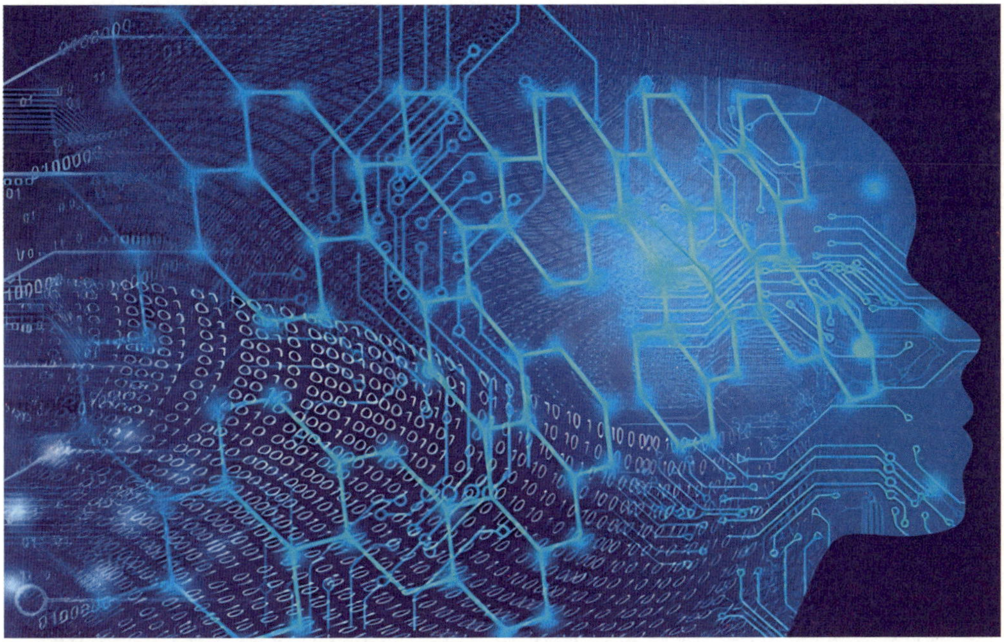

1950年，人工智能之父艾伦·麦席森·图灵（Alan M. Turing）提出了著名的“图灵测试”或“图灵判断”，用来测试某机器是否能表现出与人等价或无法区分的智能。

1956年，在美国达特茅斯大学举办了一次长达两个月的十人研讨会，首次使用“人工智能”这一术语。这是人类历史上第一次人工智能研讨会，标志着国际人工智能学科的诞生。这次著名研讨会发起人约翰·麦卡锡（John McCarthy）和马文·明斯基（Marvin Minsky），被誉为国际人工智能的“奠基者”，有时也被称为“人工智能之父”。

此后人工智能相继经历了三次发展热潮，分别是20世纪50年代至70年代以符号主义、联结主义（早期神经网络）、早期推理系统、专家系统为主要代表流派的早期发展热潮；20世纪80年代至21世纪初以机器学习、神经网络、统计学派为主要研究方向的第二次发展热潮；21世纪初至今以机器学习、深度学习、大数据广泛应用、AlphaGo为主的大众传播为主要研究对象的第三次发展热潮。

以 OpenAI 发布的 ChatGPT 是大规模预训练语言模型发展的里程碑。2020 年 OpenAI 首次提出“规模定律”（Scaling Law），意指模型的性能随着参数量、数据量、训练时长的指数级增加而呈现出线性提升，并且该提升对架构和优化超参数的依赖性非常弱。研究人员愈发意识到大语言基座模型是人工智能的核心技术。OpenAI 在研发 GPT 系列模型过程中，主要探索了 GPT-1（1.1 亿参数）、GPT-2（15 亿参数）、GPT-3（1750 亿参数），以及 GPT-4（1.8 万亿参数）四个不同参数规模的模型。GPT 系列模型的发展标志着大型预训练语言模型时代的到来。

2024 年 5 月，OpenAI 发布了 GPT-4o，模型能够处理和生成文本、图像和音频。“o”是 Omni 的缩写，意为“全能”，能即时接受文本、音频和图像的任意组合作为输入，并生成文本、音频和图像输出。GPT-4o 在语音、多语言和视觉基准测试中取得了最先进的成果，创造了语音识别和翻译的新纪录。

2024 年 7 月，OpenAI 发布了 GPT-4o mini，取代 ChatGPT 界面上的 GPT-3.5 Turbo，API 成本显著降低，适用于企业、初创公司和开发者。

2024 年 9 月，OpenAI 发布了 o1-preview（更适合推理任务）和 o1-mini（更

适合编程任务）模型，这些模型设计为在生成回答时花费更多时间思考，从而提高准确性。

2024 年 12 月，OpenAI 发布了 o1，比 o1-preview 更智能、更快，功能更多（比如多模态功能）

2025 年 2 月，OpenAI 发布了 o3-mini，o3-mini 在大多数情况下 o3-mini 比 o1-mini 产生更准确、更清晰的答案，同时响应更快，其平均响应时间为 7.7 秒，较 o1-mini 的 10.16 秒提升了 24%。

2025 年 2 月 9 日，OpenAI 发布全新的智能体 -deep research，可以进行网络浏览和数据分析，可以利用推理来搜索、解释和分析互联网上的大量文本、图像和 PDF 文件，并根据搜集的信息进行灵活调整。

2025 年 2 月 9 日，OpenAI 表示内部已达到了 GPT-4.5，表示接下来的重点是高能力的推理模型、多模态模型以及智能体。

2025 年 2 月 28 日，OpenAI 发布 GPT-4.5，这是目前最大、知识最丰富、情商最高的大模型。

总之，2024 年是 AI 技术从“辅助工具”迈向“自主智能”的关键一年，其间人工智能技术在各国科学家持续不断地努力下，在多模态模型、自主智能体、具身智能、科学发现等方面都取得了显著突破。

一是大模型技术持续突破。以 2024 年 7 月 OpenAI 公司正式推出 GPT-5 为标志。GPT-5 核心能力大幅升级，应用场景逐步落实，因此，一经推出，在全世界范围内引发巨大的震撼。例如，GPT-5 模型具备更强的逻辑与数学能力，在相关科学测试中接近人类专家水平；还能理解视频输入并生成动态响应，如可用其分析体育比赛录像并作为布置战术的重要参考手段；还可以联网自主完成复杂任务（如订机票 + 安排行程 + 写报告）等等。

近来世界各国推出的通用大模型除了 Open-AI 系列之外，还有 Google DeepMind 系列，Anthropic 系列以及中国的 DeepSeek 系列、通义千问系列等等。

二是生成式 AI 快速升级。以 2024 年 4 月 Open AI 开放 Sora A PI 为标志，该技术支持高清视频生成。Sora 可以根据用户的提示，自动生成长达一分钟的、一镜到底的视频（其他 AI 视频工具还在突破几秒内的连贯性），视频中可以呈现具有多个角色、特定类型的动作以及主题和背景的准确细节的复杂场景。这一技术的推出，在游戏、影视等传统行业中引发或正向或负向的连锁反应。

可以想象，在不远的未来，AI 将更深地融入我们的生活，推动着世界各国科技与社会的发展，但同时也面临伦理、能源和就业等挑战。

人工智能发展态势

近年来，全球已有 39 个国家和地区制定了人工智能战略政策、产业规划文件。2023 年 5 月，美国公布了一系列围绕美国人工智能使用和发展的新举措并更新发布了《国家人工智能研发战略计划》（*The National Artificial Intelligence R&D*

Strategic Plan），表示美国会长期投资人工智能，维持其全球领先地位。

2024 年 2 月，微软公司在世界移动通信大会上宣布了“通往人工智能之路原则”（AI Access Principles），包括赋能开发者、提供选择以及安全与责任三大板块。微软将扩大基础设施支持人工智能模型的训练和使用，为开发者提供广泛的人工智能模型和工具，同时提供公共应用程序接口（API）访问权限，并简化开发者在不同云开发平台间的转移流程。微软宣布的其他事项包括：致力于确保人工智能模型和数据中心的安全，并应用自身的“负责任人工智能标准”来保障安全、公平和隐私；投资全球范围内的人工智能技能培训；以环保的方式运行 AI 数据服务器。

2024 年 3 月，欧洲议会正式投票通过并批准欧盟《人工智能法案》。该法案将成为全球首部人工智能领域的全面监管法规。该法案最早是欧盟委员会在 2021 年 4 月提出，内容包括将严格禁止“对人类安全造成不可接受风险的人工智能系统”，包括有目的地操纵技术、利用人性弱点或根据行为、社会地位和个人特征等进行评价的系统等。

“机会总是垂青有准备的头脑”。面对着滚滚而来的“AI”浪潮，我们国家如何能够“逐浪前行”、实现突破成为一个具有时代价值的紧迫命题。习近平总书记指出“人工智能是引领这一轮科技革命和产业变革的战略性技术，具有溢出带动性很强的‘头雁’效应”，我国要“努力在人工智能发展方向和理论、方法、工具、系统等方面取得变革性、颠覆性突破，确保我国在人工智能这个重要领域的理论研究走在前面、关键核心技术占领制高点”。这为国家科技工作者在人工智能领域的探索指明了方向。基于此，围绕促进人工智能产业发展，我国已发布了一系列的人工智能相关政策文件，包括《新一代人工智能产业规划》《“互联网 +”人工智能三年行动实施方案》《关于促进人工智能和实体经济深度融合的指导意见》《国家新一代人工智能创新发展试验区建设工作指引》和《国家新一代人工智能标准体系建设指南》等。

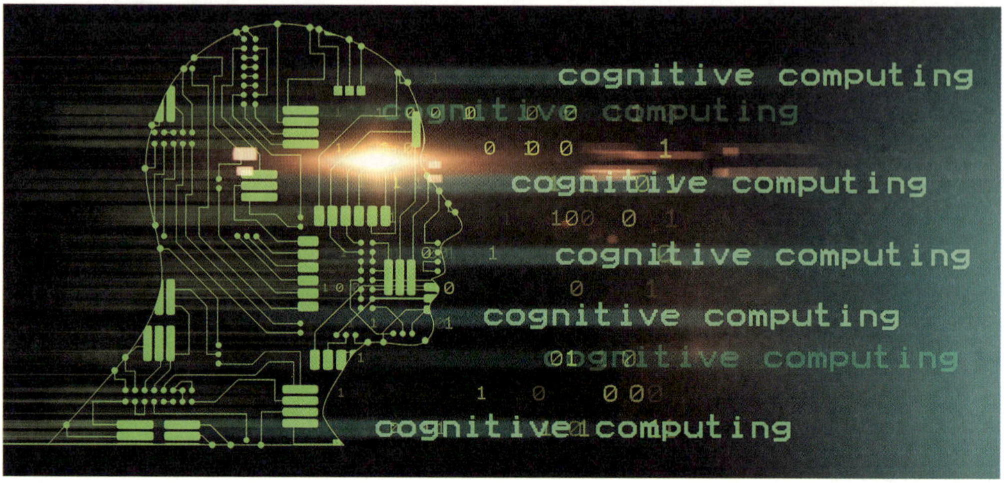

从2018年起，我国相继举办了6届世界人工智能大会，2023年7月6日至8日，以“智联世界，生成未来”为主题的2023世界人工智能大会再度绽放在黄浦江畔。该次参展企业数量、展览面积均创历届之最，线下参观人数、全网曝光量均创历史新高，大会的磁场效应已经显现。

案例链接

横空出世的DeepSeek

2025年春节期间，一家中国的人工智能公司横空出世，其推出的应用大模型在不到一个月的时间内用户突破数千万，迅速打开了全球市场，为后续的品牌塑造和生态构建，奠定了良好的市场基础。

DeepSeek是一家中国的人工智能公司，成立于2023年7月，由知名量化资管巨头幻方量化创立，专注于探索通用人工智能（Artificial General Intelligence，AGI）的实现路径，致力于开发和应用先进的大语言模型技术。其主要的成果主要是DeepSeek-V系列与DeepSeek-R系列。相比其他同类工具，这些技术不仅能够帮助我们解决日常问题，还能在工作和学习中提供极大的帮助，无论是推理能力、文字处理能力、思考能力，还是框架构建能力都更强大。

其中，DeepSeek-V3 是其开源的通用自然语言处理模型，对标 GPT-4o。

DeepSeek-R1 是其开源的推理模型，擅长处理复杂任务，对标 OpenAI o1 / o1-mini。

有关 DeepSeek 的技术特点，值得注意的有两个方面：

一是 DeepSeek 通过开源代码和模型，构建了一个面向全球的开放生态系统。对于科技工作者而言，开源，不仅仅是一种姿态，更是一种战略选择。DeepSeek 的开源，就如同给全球的开发者提供了一个强大的支点，让他们能够站在巨人的肩膀上，构建出无数的应用生态。

二是成本与性能突破。根据已公布的技术参数和信息推测，DeepSeek 的训练成本仅为同类模型的 1/10，使用成本为 1/30，例如仅用 600 万美元和 2000 块 GPU 即可完成 V3 训练。这一突破得益于其独有的底层构架和设计逻辑。此举也为后续系列产品的升级和优化奠定了良好的基础。

元宇宙

元宇宙概念

“元宇宙”（Metaverse）一词由 Meta 和 verse 组成，Meta 表示超越，verse 代表宇宙（Universe），合起来通常表示“超越宇宙”的概念：一个平行于现实世界运行的人造空间。国内外学者、研究机构、业界人士等已经提出了一些元宇宙概念。有学者认为：“元宇宙是一个虚拟时空间的集合，由一系列的增强现实（AR）、虚拟现实（VR）以及互联网所组成。通过 AR、VR、5G、人工智能、可穿戴配套硬件设施等，人们可以在元宇宙中创建新的宇宙和文明。”也有学者认为：“元宇宙概念的基石是 5G 和一系列硬件设备，混合 Al、VR、AR、区块链等技术，连通线上与线下、真实世界与模拟世界。”还有学者认为：“人们可以通过虚拟替身在其中生活、工作、娱乐和社交。这是‘元宇宙’最早的概念。”还有学者认为：“元宇宙将打造无场景不新闻的另一个平行世界。”另有学者认为：“元宇宙代表了视觉沉浸技术发展的最新阶段，其本质是一个平行于现实世界的在线数字空间，正在成为人类社会创新发展的实践场域。”

由此可知，元宇宙的概念内涵非常丰富，不仅包括数字世界、虚拟世界、虚拟空间、新一代技术、商业活动、数字媒体、社交娱乐、虚拟生活、数字化身等方面，也包括人机交互、数字映射、超现实创造、沉浸式体验等内容，还包括元宇宙的运行逻辑、真实世界的限制、全球可访问、元宇宙与现实世界的融合性、虚拟共生关系等。人工智能相关的概念关键词繁多、内涵复杂多元、涉及面也非常广泛。

元宇宙发展史

“元宇宙”一词来自美国科幻作家尼尔·斯蒂芬森（Neal Stephenson）在1992年出版的科幻小说《雪崩》（*Snow Crash*）。该作品描绘了一个人们以虚拟形态在三维空间中与各种软件进行交互的世界，人们在那个世界里用数字化身来竞争提高自己的地位。该小说曾被《时代》周刊评为1923年至今“100部最优秀英语小说”，成为一代科幻经典。2009年推出的中译本中，Metaverse被翻译为“超元域”，序言中在“超元域”后面还标注了“虚拟实境技术”。2021年中文媒体把Metaverse译为“元宇宙”，至此它逐渐在我国学界和业界流行。

此后，这一概念所对应的场景在游戏、电影等作品中多次出现。1995年左右出现大量开放性多人游戏。2003年一款《第二人生》游戏发布，用户可以通过虚拟化身交互、社交、交易虚拟财产和服务。《黑客帝国》和《头号玩家》等知名电影也曾生动描绘过虚拟世界场景：人们在一个完全数字化的虚拟世界中生活、游玩，获得超越现实的沉浸式感官体验……

20世纪70年代到90年代是计算机技术快速发展的时期，个人电脑的兴起、

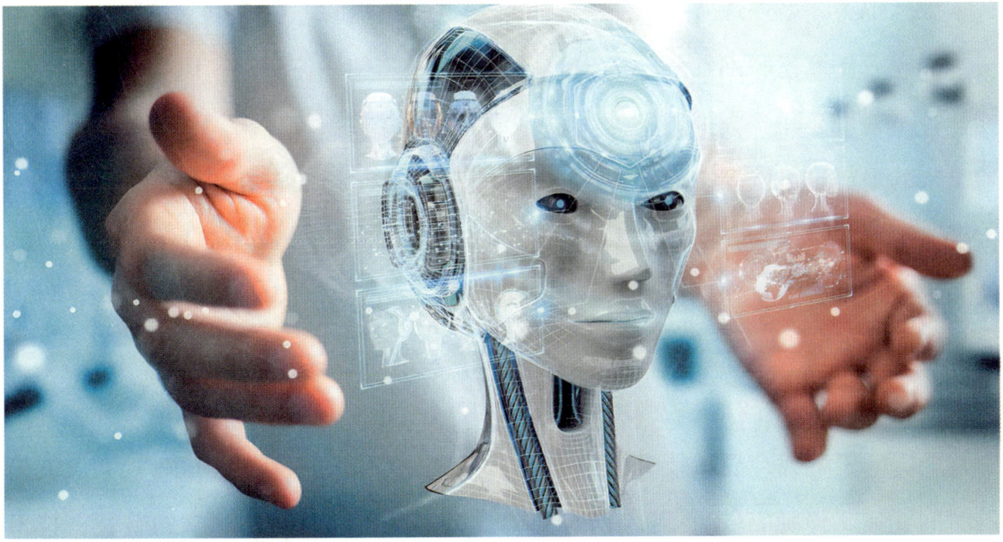

互联网的初具雏形以及超文本和万维网的发展为元宇宙的发展提供了关键的技术基础。这段时期为人们构建虚拟世界和全球互联打下了重要的基石。2003 年，《第二人生》成为第一个大规模虚拟世界，人们可以在其中创建虚拟角色并进行交互。2007 年，苹果公司推出首款 iPhone，智能手机的普及进一步促进了虚拟世界的发展。2014 年，Facebook 公司收购了虚拟现实公司 Oculus VR，引发了公众对虚拟现实和增强现实技术的兴趣。2018 年，Google 公司发布了对元宇宙概念的重要报告，强调了虚拟世界的潜力，并提出了元宇宙的愿景。同年，以太坊区块链的发展为虚拟经济和虚拟资产的交易提供了基础。2022 年，Facebook 公司宣布将元宇宙作为未来的重要发展方向，并更名为 Meta Platforms Inc。元宇宙开始逐渐发展成为一个集成了虚拟现实、增强现实、人工智能和区块链等技术的综合虚拟空间。

伴随着传统互联网红利的逐步消退及技术进步的快速驱动，以价值共生、智能计算、人机互联、虚拟现实为代表的元宇宙概念被顺势提出。作为数智时代创造出来的平行于自然宇宙的虚拟空间，它超越自然宇宙而存在，将彻底改变人类生产、生活、学习和创造方式。2021 年 Roblox 公司市值爆发与 Facebook 公司更名，使元宇宙迅速成为全球科技界的焦点，也引发了学术界对虚拟世界和现实世界关系的研究热潮。

作为人类对未来社会终极形态的积极想象，“元宇宙”凭借网络和算法、人工智能、电子游戏、显示技术和区块链技术的“群聚效应”正在成为社会发展新的时间场域。伴随着 5G、区块链等基础设施的完善以及智能终端的普及，技术发展与应用达到高度成熟与规模化阶段，人类社会演化成虚实深度融合的全新形态，虚拟世界将实现对人类生活的全方位渗透。

元宇宙发展态势

习近平总书记指出，要促进数字技术和实体经济深度融合，赋能传统产业转型升级，催生新产业新业态新模式。元宇宙正是促进数字经济发展的新赛道。

2024 年 2 月，Google 公司发布一个虚拟世界模型 Genie，拥有 110 亿参数，能生成可交互的虚拟世界。Genie 模型可以通过单张图像提示来生成交互式环境。无论是合成图像、照片还是手绘草图，Genie 都能够从中生成无边界的虚拟世界场景。Genie 或将成为通用智能体的基石，可以在新生成的世界中接受训练。该技术有望颠覆游戏、设计、XR 和机器人行业，并具有广泛的应用前景。

元宇宙正在开启一个新的数字时代，会对我们的认知产生挑战，对既有的政府工作模式和管理体系都将产生深刻影响，也将催生全新的数字政务元宇宙形态。在元宇宙中，人将依旧是构成这个虚拟世界和经济活动的核心，所以围绕人的服务和管理也将成为保障元宇宙正常运转和发展的重心。不难想象，在元宇宙空间中，针对虚拟市民、虚拟社会活动、虚拟城市资产，从政府角度，必将衍生出元宇宙身份认证、元宇宙公共法律服务、元宇宙空间治理甚至元宇宙公共安全管理等重要的虚拟政务职能。

多源信息融合

多源信息融合概念

作为信息科学的一个新兴领域，信息融合技术起源于军事应用。在军事应用领域，信息融合首先被定义出来，它是一种多层次、多方面的处理过程，包括对多源数据的检测、关联、估计和综合，以得到精确的状态和身份估计以及完整、及时的战场态势和威胁估计。当然，该定义限于在军事领域，一般意义上的多源信息融合技术是一种对多源不确定性信息进行综合处理及利用的信息处理技术。

多源信息融合有多种来源与表现形式。多源信息在进行融合的过程中首先要转化为机器可读的数据，从数据的角度进行大规模的融合，其表现形式包括传感数据与社会数据的融合、历史数据与实时数据的融合、线上数据与线下数据的融合、内部数据与外部数据的融合。

传感数据与社会数据融合传感器、射频、监控器以及其他通信设备每天产生大量的数据，这些“硬数据”以物理信号的形式传到云端服务器上，一般具有良好定义的特征。社交网络、经济活动运行、政府信息管理又产生大量的社会数据，称之为“软数据”，是人为生成的或知识性的数据，这些数据带有很大的不确定性和模糊性。物理信号数据反映机器设备运行的状态，社会数据很好地反映了人们在社会运行中的各项活动。把这些信号数据与社会数据融合到一起，就可以更好地揭示自然规律与人类的各项活动。

历史数据与实时数据融合从时效性来看，经过多年的信息化，组织机构或企业已积累了相当数量的数据，而新运行的系统与网络又不断产生新的数据，通过新数据可以监测实时状态，而纵观历史数据可以发现规律，从而实现对未来的预测。线上数据与线下数据融合随着企业的互联网化，越来越多的传统企业也开始互联网化，在原有的线下数据基础上又产生了大量的线上数据，通过线上数据获取实时状态、客户信息，通过线下的活动进一步推广完善，实现线上数据与线下数据的有效对接。内部数据与外部数据的融合从数据来源方面来讲，数据分为企业内部数据与外部数据。

多源信息融合发展史

1763 年，托马斯·贝叶斯（Thomas Bayes）后验概率理论发表，这为多源信息融合提供了理论基础和支持。1795 年，高斯（Gauss）最先用冗余数据的状态估计数学方法，通过对不同来源的信息进行状态估计和融合，可以得到更加全面和准确的目标状态描述，有助于提高信息融合的准确性和可靠性。20 世纪初至 40 年代早期，统计模式识别方法（如聚类分析和神经网络等）以及目标跟踪与识别中重要的主动传感器——雷达被开发应用，成为多源信息融合的重要组成部分。1960 年，匈牙利数学家鲁道夫·埃米尔·卡尔曼（Rudolf E. Kalman）提出了序贯估计卡尔曼滤波法，这为多源信息融合提供了数据处理和估计的重要方法。1961 年，美国空间跟踪系统运行，它整合了来自地面观测站、雷达、光学望远镜、卫星等多种传感器和数据源的信息，通过算法和模型对这些信息进行处理和分析，是多源信息融合的应用实例之一。20 世纪 70 年代，面向军事应用的全源分析与融合系统得到开发，多源信息融合作为其核心技术和方法发挥了重要作用。

21 世纪以来，学界对多源信息融合的方法、技术做了大量研究。卡莱吉等人对多源数据融合进行了全面的综述，包括数据融合的概念、价值、难点以及现有的方法。亚格尔使用投票的方法解决数据之间的冲突，提出一种多源数据融合的框架。曼佐尔等人认为需要通过“模式匹配、重复侦测、数据融合”三个步骤来解决多源数据的不一致性及其数据冲突问题。陈科文等人则从数据处理、系统设计、融合模型、融合方法等方面梳理当前多源信息融合的关键问题与应用进展。

多源信息融合发展态势

从国家战略层面来看，新的时代特征给国家的战略布局、城市的运行管理以及企业的运营管理都带来了新的挑战与机遇。从工业化与信息化的两化融合，到“云大移”的融合，再到今天备受关注的“互联网＋”，无不体现着融合的理念、要素、技术在当今时代的重要性。这就需要对多来源、跨区域、跨部门的数据进行融合。

从城市管理层面来看，城市综合治理涉及很多数据，如城市部件数据、人口数据、房屋数据及各种业务管理数据，这些数据从不同视角反映人物、事件或活动的相关信息。不同的系统产生不同的数据，不同的部门提供不同来源的数据，如何将这些多源异构数据汇聚到一起，是城市综合治理中信息管理的一个重要问题。

从国家战略到城市管理，都需要多源信息的支撑，在运用云计算、大数据、移动互联网等技术时，需要着力解决多源异构信息在跨界中的融合与应用问题。多源信息融合的应用非常广泛，以下是一些主要的应用领域。

智能交通：在城市交通管理中，通过将交通监控设备、公交车 GPS、道路传感器等多种数据源进行融合，实现城市交通的智能化管理，包括交通拥堵分析、路线优化、信号灯控制等。

医疗：将医院病历数据、患者生命体征数据、医学文献数据等数据源进行融合，可以实现医生的精准诊断和治疗，提高医疗效率，降低医疗误诊率。

金融：金融机构可以通过整合客户数据、交易数据、市场数据和社交媒体数据等多源数据，进行客户分析和风险预测，以提高其风险控制和经营效益。

组合导航：在航空、航海、陆地车辆等组合导航系统中，通过融合不同来源的数据，可以提高导航的精度和可靠性。

军事决策：在军事领域，通过融合各种来源的情报数据，可以提高决策的准确性和时效性。

目标跟踪与识别：在安全监控、智能视频分析等领域，通过融合不同来源的视频数据，可以实现更准确的目标跟踪和识别。

环境监测：通过融合不同来源的环境监测数据，可以更全面地了解环境状况，为环境保护提供决策支持。

农业决策：通过融合气象、土壤、作物生长等数据源，可以帮助农民做出更科学的农业决策，提高农业生产效率。

工业控制：在工业生产过程中，通过融合各种传感器和生产数据，可以实现更精确的控制和优化，提高生产效率和降低成本。

案例链接

筑牢“数字经济”的底座

在南京举办的第八届未来网络发展大会上，紫金山实验室宣布，未来网络试验设施大科学装置正式建成投入使用，这为我国数字经济新型基础设施提供了全新的网络支撑。未来网络试验设施 CENI 是我国通信与信息领域首个国家重大科技基础设施，被国家“十四五”规划列入战略科技力量。历经十余年谋划和建设，未来网络试验设施正式建成，目前已覆盖 40 个主要城市，建设 88 个主干网络节点，主干链路带宽达 100G。与传统网络相比，低延时、低抖动的“确定性”，让这张覆盖全国、辐射全球的大网成为支撑人工智能、东数西算、卫星互联网等领域的数字底座。

未来网络试验设施在建设期间已与全国科研院所和企业联合开展 130 多项网络创新试验，支撑“东数西算”“算力网络”等 10 多项重大战略性任务。为了推动成果转化应用，未来网络试验设施还联合全国地方伙伴成立“东数西算—未来算网协同调度联盟”等合作组织，共同推动网络通信相关创新成果开展示范应用和产业化落地。

在中国工程院院士、紫金山实验室首席科学家刘韵洁看来，该项成果的发布标志着在网络领域，中国在全球率先开创一个新的技术路径，建立一个新的数字经济基础设施。这项技术的突破，在“东数西算”、国家算力网、人工智能大模型等方面，会助力我们国家有一个新的解决方案，也会提供新的服务。

参考文献

[1] Faouzi N E, Leung H, Kurian A. Data fusion in intelligent transportation systems: Progress and challenges-A survey[J]. Information Fusion, 2011, 12(1): 4-10.

[2] Khaleghi B, Khamis A, Karray F O, Razavi S N. Multisensor data fusion: A review of the state-of-the-art[J]. Information Fusion, 2013, 14(1): 28-44.

[3] Liggins II M, Hall D, Llinas J.Handbook of multisensor data fusion (2nd edition) [M]. Boca Raton: ImprintCRC Press, 2017.

[4] McCarthy J, Marvin L, Minsky M L, Rochester N, Shannon C E. A proposal for the dartmouth summer research project on artificial intelligence, August 31, 1955[J]. AI Magazine, 1956, 27: 12-14.

[5] McCulloch W S, Pitts W. A logical calculus of the ideas immanent in nervous activity[J]. Bulletin of Mathematical Biophysics, 1943, 5: 115-133.

[6] Naumann F, Bilke A, Bleiholder J, Weis M. Data fusion in three steps: Resolving inconsistencies at schema-, tuple-, and value-level[J]. IEEE Data Engineering Bulletin, 2006, 29(2): 21-31.

[7] Pasi G, Yager R, Atanassov K. Intuitionistic fuzzy graph interpretations of multi-person multi-criteria decision making: Generalized net approach[J]. IEEEXplore, 2004, 2: 434-439.

[8] Stiller C, León F P, Kruse M. Information fusion for automotive applications: An overview[J]. Information Fusion, 2011, 12(4): 244-252.

[9] Turing A M. Computing machinery and intelligence[C]//Parsing the Turing Test. Dordrecht: Springer, 2009.

[10] Yager R R. A framework for multi-source data fusion[J]. Information Sciences, 2004, 163(1): 175-200.

[11] 蔡自兴.人工智能及其应用(第5版)[M].北京：清华大学出版社，

2016.

[12] 陈科文，张祖平，龙军 . 多源信息融合关键问题、研究进展与新动向 [J]. 计算机科学，2013，40（8）：6–13.

[13] 范周 . 科学对待“元宇宙”[N]. 社会科学报，2021–12–02（6）.

[14] 韩崇昭，朱洪艳，段战胜 . 多源信息融合（第 2 版）[M]. 北京：清华大学出版社，2010.

[15] 化柏林，李广建 . 大数据环境下多源信息融合的理论与应用探讨 [J]. 图书情报工作，2015，59（16）：5–10.

[16] 刘学博 , 户保田 , 陈科海 , 等 . 大模型关键技术与未来发展方向——从 ChatGPT 谈起 [J]. 中国科学金 ,2023,37(05)：758–766.

[17] 彭冬亮，文成林，薛安克 . 多传感器多源信息融合理论及应用 [M]. 北京：科学出版社，2010.

[18] 徐宁 . 竞速元宇宙，南京跑出“加速度”[N]. 南京日报，2023–07–22（A1）.

[19] 杨露菁，余华编 . 多源信息融合理论与应用 [M]. 北京：北京邮电大学出版社，2011.

[20] 中国人工智能学会 . 中国人工智能系列白皮书 ——大模型技术（2023 版）[EB/OL].https：//13115299.s21i.faiusr.com/61/1/ABUIABA9GAAgma6KqQYo–Z7D8wI.pdf.

[21] 中华人民共和国国务院 . 新一代人工智能发展规划 [R].2017–07–08.

[22] 周莉媛，朱秋雨，魏蕾如，明均仁 . 国内元宇宙研究：脉络演进、前沿热点和未来展望 [J]. 情报探索，2023，（10）：120–128.

[23] 朱嘉明 . 元宇宙与数字经济 [M]. 北京：中译出版社，2022.

[24] 左鹏飞 . 元宇宙的主要特征、发展态势及风险研判 [J]. 社会科学辑刊，2023（1）：195–202.

4

第四章

量子通信与量子计算

第六代移动通信

第六代移动通信概念

第六代移动通信系统是继5G之后的新一代移动通信网络。相比于5G网络，6G具有超高的网络速率、超低的通信时延和更广的覆盖深度。它能够充分共享毫米波、太赫兹和光波等超高频无线频谱资源，融合地面移动通信、卫星互联网和微波网络等技术，形成一个具备万物群体协作、数据智能感知、安全实时评估和天地协同覆盖的一体化绿色网络。

6G网络主体的演进趋势将从“人—网—物”三个维度逐渐向“人—网—物—境”四个维度转变。其中，“境”是广义概念上的环境，指一切影响人类个性化发展的空间、情境甚至是意境，与前三个维度实体概念不同，“境”通常指“看得见摸不着”的虚拟抽象概念。

第六代移动通信发展史

通信是将信息从一个实体或群组传递到另一个实体或群组的行为。人类进行通信的历史很悠久，在远古时代，人们通过辅助的物体或简单的图画来表述和传递信息。另外，手势也是一种重要的信息交流方式。随着生产力的提高，人类文明也在不断进步，同时推动了信息通信技术的进步。文字的出现是信息技术的一大变革，使人们能够方便地进行信息的表述、传递和存储。在古代社会，“烽火”和“驿站”是两种有代表性的信息传递方式。

现代社会在工业革命的驱动下，出现了大量新型的有线通信和无线通信技术，例如电话、电报、无线电通信、广播、雷达、电视、计算机通信、卫星通信、光纤通信、水下通信和海上通信等通信方式。

自 20 世纪 80 年代以来，移动通信系统发生了翻天覆地的变化，每 10 年左右就会产生新一代通信技术。而移动网络主要业务的普及和新频段的成熟应用通常需要经历两代，即一般经过 20 年才能成熟。每一代无线接入网和核心网都采用了新技术、新设计原则和新架构，其能力较前一代有显著提升。现代移动通信技术的发展经历了五代。

移动通信始于 20 世纪 70 年代基于模拟技术的第一代移动通信系统（1G），1G 仅支持模拟语音业务，存在容量有限、保密性差、通话质量不高、不支持漫游、不支持数据业务等缺点。1991 年后，以数字语音传输技术为核心的第二代移动通信系统（2G）被提出，它以欧洲的全球移动通信系统（Global System for Mobile Communications，GSM）、美国的数字式高级移动电话系统（Digital Advanced Mobile Phone Service，D-AMPS）、日本的公用数字蜂窝（Personal Digital Cellular，PDC）以及后面出现的 IS-95 码分多址（Code Division Multiple Access，CDMA）为代表。2G 有效提升了语音质量和网络容量，同时引入了新服务，如用于文本信息的存储和转发短消息、数据分组交换等业务。

为了满足人们对图像传输、视频流传输以及互联网浏览等移动互联网业务需求，业界提出了第三代移动通信系统（3G）。3G 的主要代表是欧洲的宽带码分多址（Wideband CDMA，WCDMA）、美国 CDMA2000 和我国主导的时分同步码分多址（Time-Division Synchronous CDMA，TD-SCDMA）。与 2G 广泛采用的时分多址（Time Division Multiple Access，TDMA）相比，3G 采用的 CDMA 技术具有频率效率高、基站覆盖范围大、同频复用和跨小区软切换等优点，用户体验质量显著提高。但是，当时的用户应用仍然局限于短信和移动互联冲浪等文本和图片信息传输，并未出现无线数据服务的“杀手级”应用，也没有相适配的移动终端，3G 初建的网络没有得到充分应用。

然而，移动互联网经过一段时间的培育逐步进入了爆发期，智能手机也适时被推出。2007 年，美国苹果公司推出第一款 iPhone 手机，标志着智能手机革命的到来。智能手机需要无线系统提供每秒百兆比特的高容量数据服务，这也触发了第四代移动通信系统（4G）时代的到来。3G到4G是一个从低速到高速数据传输的演进过程，4G除了提供传统的语音和基本的数据服务外，还提供移动宽带服务，支持的应用涵盖移动互联网、游戏、高清晰度电视（HDTV）、视频会议、云服务等。但是，随着移动互联网蓬勃发展，能给用户良好感受的业务对传输速率的要求越来越高，4G开始无法满足人们对无线通信传输速率持续增长的需求。

5G融合了软件定义网络（Software Defined Network，SDN）、网络功能虚拟化（Network Function Virtualization，NFV）、超密集组网（Ultra-Dense Network，UDN）、自组织网络（Self-Organizing Network，SON）、设备到设备（Device to Device，D2D）、大规模多路输入输出（massive Multiple Input Multiple Output，mMIMO）、毫米波、多连接等技术，实现了峰值速率、用户体验数据速率、频谱效率、移动性管理、连接数密度、网络能效等关键能力的全面提升。国际电信联盟（ITU）为5G定义了三种主要场景：一是增强型移动宽带（enhanced Mobile Broadband，eMBB），大带宽，广覆盖；二是大连接物联网（massive Machine-Type Communication，mMTC），低功耗，大连接；三是超可靠低时延通信（ultra-Reliable and Low-Latency Communication，uRLLC），低时延，高可靠。

2018年，有专家提出了6G的三大类关键技术，分别涉及6G频谱、6G无线“超大容量”如何实现，6G频谱使用如何创新。6G就像一个遍布通信链路的分布式神经网络，融合物理世界与数字世界。与5G相比，6G将在关键性能指标上取得重大飞跃，部分指标将提升超过一个数量级。6G将提供速度、可靠性比肩光纤的高性能通用连接，但一切都以无线的方式实现。由于摆脱了功能和性能的限制，6G会成为通用平台，支持创建任何业务与应用，最终有望实现“极致连接”。

第六代移动通信发展态势

5G网络已经尝试将非地面接入技术融入5G新空口中。星链计划（Starlink）

将集结成千上万颗超低轨卫星以加强低空通信，并可能在6G时代结出硕果。

近年来，国内外学者对6G在愿景方面展开了研究，从伦理学、智能性、万物互联、多场景智能融合等角度对6G所属的无线智能化社会愿景展开畅想。有学者指出，“6G广泛深入地满足人类物质和精神层面的需求，尤其是人类自身感知世界（生理和心理等）之间的互联”。学者们从频谱、编码、信道、组网等无线通信技术角度，以及空—天—地—海一体化、全息触觉网络等角度探索6G的需求。特别值得关注的是，智能化技术在移动通信领域的主体化逐步成为共识。

现阶段，对于6G的本质探索，主要集中在“智慧连接”“深度连接”“全息连接”和“泛在连接”。基于此，6G支持的典型业务将催生出许多全新应用，如全息通信、孪生体域网、智慧交通和无人机等。为支持这些应用，6G的频谱效率、网络能效、峰值速率、用户体验速率、时延、流量密度、连接数密度、移动性、定位能力等关键指标比5G都有明显的提升，其网络架构具有支持多种异构网络智能互联融合的能力，以动态满足复杂多样的场景和业务需求。

作为面向2030年及以后的移动通信系统，6G将进一步通过全新架构、全新能力，并结合社会发展的新需求和新应用场景，打造6G全新技术生态，推动社会走向虚拟与现实结合的“数字孪生”世界，实现“6G创新世界”的宏伟目标。

为促进我国移动通信产业发展和科技创新，推动第六代移动通信技术研发工作，2019年11月3日，科技部会同发展改革委、教育部、工业和信息化部、中国科学院、自然科学基金委在北京组织召开6G技术研发工作启动会。会议宣布成立国家6G技术研发推进工作组和总体专家组，这标志着我国6G技术研发工作正式启动。

2023年3月22日至24日，由国家6G技术研发推进工作组和总体专家组指导，紫金山实验室、未来移动通信论坛主办的2023全球6G技术大会在南京举行。3月23日当天，大会举行开幕式，并发布了《6G技术白皮书》。大会以“6G融通世界，携手共创未来”为主题，邀请全球顶尖行业专家围绕6G应用场景与标准化进展、网络架构与内生安全、无线传输与频谱共享、天地融合技术与按需服务四个议题，深入探讨6G网络变革与技术创新，共同培育全球一致的6G理念，增进国际6G合作，推动形成全球统一的6G标准与生态。

案例链接

创新预见　6G未来

全球6G技术大会是面向6G前沿领域的覆盖广泛、内容全面的世界科技论坛，2024年的全球6G技术大会以“创新预见 6G未来”为主题，拥有国家级重大科技创新平台紫金山实验室的南京市“近水楼台先得月”，第二次成功举办了该次盛会。

本次大会荟萃了包括芬兰6G旗舰计划（6G Flagship）、日本5G论坛（5GMF）、新加坡未来通信研发计划（Future Communications Programme）、中国通信标准化协会、中国通信学会等在内的国际知名组织的力量，为各方提供一个多元化的交流平台。大会分为大会主报告、平行论坛。大会主报告和“6G在全球”论坛主要聚焦6G愿景分析、各国各地区6G发展路线、6G频谱规划、6G新业务和应用、关键技术与创新方向、标准化节奏等内容，均关注通信业发展前沿技术和趋势；平行论坛主要包括八大前沿方向：通信与AI融合、无线通感融合、空天地一体化、网络架构及关键技术、可信与安全、高频段无线传输与器件、未来业务与应用猜想、新技术新材料等。

随着通信技术的不断更新迭代，可以想象得到，未来的6G时代，网络将成为连接着人、物、数据和智能的枢纽，构建起一个更加智慧、更加高效、更加便捷的新世界。在移动通信的壮阔进程中，6G的涌现宛若一幅多彩的画卷，为我们带来了更为多元化和个性化的发展前景。

量子通信

量子通信概念

提到“量子”一词也许你的脑海中都是玄之又玄的量子物理，以及爱因斯坦那句著名的“上帝不掷骰子”的断言。在我们的过往印象中，量子物理经常与“不确定性”“测不准”等词汇联系在一起，然而我们又知道，通信最重要的就是稳定、安全、可靠。那么，量子与通信，表面上互相矛盾的两个东西是如何联系到一起的呢？

科学家称量子为物理世界的“小精灵”，它不是一种粒子，而是一个能量的最小单位，包括分子、原子、电子、光子等在内的所有微观粒子都是量子的表现形态。因此从某种程度上说，人类就是一个庞大量子的集合。我们的每一次呼吸，都包含着上万亿量子的进出。

量子通信是利用量子力学原理对量子态进行操控的一种通信形式，可以有效解决信息安全问题，是一种创新的通信方法。它利用量子力学原理对量子态进行操控，在两个地点之间进行信息交互，可以完成经典通信所不能完成的任务。量子通信具有极高的安全性和传输的高效性，传统加密手段通常依赖计算复杂度，而量子保密通信的安全性由量子原理来保证。

量子通信是利用量子叠加态和纠缠效应进行信息传递的新型通信方式，它主要分为量子隐形传态（Quantum Teleportation，QT）和量子密钥分发（Quantum Key Distribution，QKD）两种。量子力学中的不确定性、测量坍缩和不可克隆三大原理为量子通信技术提供了无法被窃听和计算破解的绝对安全性保证。

与传统的通信方式相比较，量子通信最显著的优势就是绝对安全和高效率性。首先传统通信方式在安全性方面有诸多缺陷，而量子通信会将信息进行加密传输，在这个过程中密钥不是一定的，充满随机性，即使被相关人员截获，也不容易获取真实信息。另外，量子通信还有较强的抗干扰能力、很好的隐蔽性能、较低的噪声。

量子通信发展史

量子通信的发展大致可分为四个阶段：探索和试验研究阶段、理论重大突破阶段、行业案例积累阶段、生态逐步完善阶段。从 20 世纪 90 年代到 2000 年，量子通信处于技术理论的探索和试验研究阶段。2001 至 2006 年，是量子通信的理论重大突破阶段，量子通信全球研发者在理论研究上出现的重大突破，彻底解决了真实系统和现有技术条件下量子通信的安全速率随距离增加而严重下降的问题。2006 到 2012 年，是量子通信的行业案例积累阶段，各国的量子通信网络基本处于建立中期或完成试运营阶段。2013 年至今，处于生态逐步完善阶段，全球量子通信技术的实用化在不断加强，世界各国对量子信息愈加重视，学术界和产业界开始从各个角度发力，力求形成量子信息技术研究到应用的生态。

通信理论和量子力学是量子通信领域的两大理论来源。实现一个完整的量子通信系统运转需要以量子编码理论为基础，以特定的量子通信协议为核心，通过

运用量子信号产生、调制和探测等关键技术，最终实现量子信息或经典信息的传送。随着通信网络理论的发展以及量子中继技术的突破，量子通信网络有望从局域网络走向更大规模广域网络，乃至联通全球范围信息传递的通信网络。

量子通信发展态势

2022 年 2 月，美国知名军事战略研究机构兰德公司（RAND Corporation）发布的《中美量子技术产业评估》报告指出我国科研人员在许多量子技术领域都是强劲追随者，但很少真正处于创新的最前沿。同时该报告也指出量子通信领域是唯一例外，因为我国在这一子领域是世界领导者。我国的量子通信研发重点在于量子密钥分发（QKD）的应用。我国科学家已建成世界上最大的 QKD 网络，即京沪干线，长达 2000 公里，还发射了唯一两颗已知能够从太空进行 QKD 的卫星。习近平总书记强调，量子力学是人类探究微观世界的重大成果。量子科技发展具有重大科学意义和战略价值，是一项对传统技术体系产生冲击、进行重构的重大颠覆性技术创新，将引领新一轮科技革命和产业变革方向。量子通信技术发展十分迅猛，国际上多个国家和地区发布了量子科技发展战略。我国主要是三大运营商布局量子安全产业、创新应用技术和提升通信行业安全标准，相关企业或总部在北京、合肥，顶尖技术的研发工作还比较分散，建制化的核心团队不够，未来尚需要突破高速高精度调制和高效低噪声探测、大规模网络交换和管控、长寿命高读出效率量子存储、全天时自由空间量子通信及卫星组网等关键技术。

量子计算

量子计算概念

量子计算是一个多学科领域，涵盖计算机科学、物理学和数学的各个方面，是一种遵循量子力学规律调控量子信息单元进行计算的新型计算模式，主要利用量子比特的叠加和纠缠特性，执行某些任务比经典计算机更高效或更快速。量子计算尽管量子计算技术仍在不断发展，但它在科学、工程和计算领域引起了广泛的兴趣和研究。

量子计算发展史

20 世纪 80 年代初期，美国阿岗国家实验室的保罗·贝尼奥夫（Paul Benioff）最早提出量子计算的概念。他认为二能阶的量子系统可以用来仿真数字计算。稍后，理查德·费曼（Richard Feynman）也对这个问题产生兴趣而着手研究，并在 1981 年于麻省理工学院举行的第一届计算中的物理大会上勾勒出以量子现象实现计算的愿景。1985 年，牛津大学的戴维·多伊奇（David Deutsch）提出量子图灵机的概念，量子计算才开始具备了数学的基本型式。

费曼是一位著名的理论物理学家，他因对量子电动力学的发展做出的贡献，于 1965 年获得了诺贝尔物理学奖。1981 年，费曼发表了一篇名为《用计算机模拟物理》（*Simulating Physics with Computers*）的论文。随后，这一研究领域很快受到了计算机科学家和物理学家的关注。此后，量子计算的工作开始了。

1994 年，彼得·肖尔（Peter Shor）开发的“肖尔算法”问世，它被认为是量子计算历史上的一个里程碑。该算法允许量子计算机以更高的速度分解大整数，也可以破解许多密码系统。这一发现引起了人们对量子计算研究的极大兴趣，因为它用几个小时的时间就超过了传统的经典算法的计算量。后来，在 1996 年，洛夫·格罗弗（Lov Grover）发明量子数据库搜索算法。该算法展示了二次加速，可以解决必须通过随机蛮力搜索来解决的问题，也可以应用于更广泛的问题基础。

1998 年，格罗弗首次实验演示了 2 量子位核磁共振量子计算机上工作的量子算法。同年开发了一台可运行的 3 量子位核磁共振量子计算机，并且他的算法首次在核磁共振量子计算机中执行。1999 年到 2009 年期间取得了数次实验性进展。

2009 年，科罗拉多州国家标准与技术研究所的一个团队推出了第一台通用可编程量子计算机。这台计算机能够处理 2 个量子位。2019 年 1 月 8 日，IBM 公司推出了首个可用于商业的集成量子计算系统，之后，IBM 公司又增加了 4 个量子计算系统，以及一个新开发的 53 量子位量子计算机。2019 年末，Google 公司也对该领域做出了巨大贡献，当时 Google 研究团队发表的一篇论文声称已经达到了可用“量子霸权”的水平，提出由微小量子位和超导材料制成的 54 量子位 Sycamore 处理器在短短 200 秒内就可以完成一次计算。2020 年，IonQ 公司推出了离子量子计算机，并通过云将其商业化。

量子科学是 20 世纪以来最重要的科学发现之一。随着第一次量子技术革命

的推进，量子信息科学迎来了新一轮的快速发展。进入 21 世纪，量子科技革命的第二次浪潮来临，催生了量子计算、量子通信、量子测量等一批新兴技术，极大地改变和提高人类获取、传输和处理信息的方式和能力。量子计算作为一种能够高速计算、存储和处理信息的新计算技术，有望克服计算限制，给现有经典计算机的计算能力带来质的飞跃。当前，各行业数据信息体量不断增加，各国产业发展亟待提高算力、降低能耗，量子计算作为该背景下的前沿技术，也日趋成为世界各国抢占的战略制高点。

量子计算发展态势

基础研究是整个科学体系的源头。2021 年 5 月 28 日，习近平总书记在中国科学院第二十次院士大会、中国工程院第十五次院士大会上介绍了基础研究和原始创新取得的重要进展，其中就包括“慧眼号”直接测量到迄今宇宙最强磁场、76 个光子的量子计算原型机“九章”成功问世、散裂中子源通过验收等。

量子信息领域市场融投资呈爆发式增长趋势，量子信息领域企业获得市场高度关注以及大量资金支持，且投资高度集中于量子计算领域。量子计算初创企业在欧洲和美国聚集度和关注度更高。大量的资金涌入既为量子计算样机硬件研发、软件开发、应用探索等方向提供创新支持和资源保障，也引发了技术炒作、夸大宣传和行业泡沫等争议。

2022 年，美国毒蝎资本（Scopion Capital）发布对量子计算上市公司 IonQ 的做空报告，指出其量子计算产品与应用局限，以及管理运行方面的问题，质疑其交付能力与商业模式。英国牛津大学学者指出，资金涌入导致量子计算成就和前景夸大宣传，行业泡沫不容忽视。以上观点也引发业界回应，从技术发展成就、科技巨头投入和应用探索前景等方面展开讨论，各方对行业泡沫争议的看法观点不一。

量子技术迈进商业化，研发转移应用是未来重点方向。量子计算方面，IBM

公司推出了 133 量子位的量子处理器 IBM Quantum Heron，还推出第一台模块化量子计算机“IBM 量子系统二号”。美国原子计算公司（Atom Computing）将于 2024 年推出 1225 量子位的量子计算机，这将是全球首个量子位超 1000 的量子计算机。

量子计算是未来科技与产业发展变革的重要变量之一，已成为全球各国学术界、产业界和利益相关方的普遍共识，近年来在技术研究和样机研制等方面取得一系列重要进展，但样机比特数量、质量和操控速度等性能指标仍有很大提升空间，软硬件技术发展远未成熟，应用探索与产业培育尚处起步阶段。泡沫质疑是量子计算发展过程中的必经之路，也是量子计算在学术界和产业界反差氛围中产生的必然结果。在无人区探索和技术应用成果的短期交付达不到预期时，对量子计算领域的发展需要保持战略定力与信心，避免对未来构建技术产业竞争力产生不利影响。

案例链接

逻辑量子比特："1+1 ＞ 2"的量子纠错技术

2024年9月，微软和量子计算龙头公司Quantinuum宣布取得重大突破，他们成功纠缠了有史以来最多的12个逻辑量子比特，并创造了有史以来最高的计算保真度。

量子计算虽然有巨大的潜力，但目前一个重要阻碍是单个物理量子比特非常脆弱，容易受到外界环境的干扰，且量子门操作的保真度需要非常高，任何不完美都可能导致计算错误，量子纠错技术至关重要。科学家通过引入逻辑量子比特的方式提高量子信息的稳定性和错误容忍能力。简单来说，逻辑量子是多个物理量子比特组成的一组量子比特，其中的物理量子比特可以相互纠正错误，确保整个逻辑量子比特的稳定性，起到"1+1 ＞ 2"的维稳纠偏效果。这样，即使其中一个物理量子比特出错，另外的物理量子仍然可以提供足够的信息保证计算结果的准确。

微软和Quantinuum的突破就在于他们刷新了逻辑量子比特的数量，建立了更牢靠的量子计算"队伍"，其量子纠错技术使得逻辑量子比特的错误率比单独的物理量子比特低了800倍。这一成就是量子计算迈向可靠、实用计算的关键一步。逻辑量子比特、量子纠错、计算保真度，都是量子计算领域的重要概念，可以说，量子纠错是开启量子计算大规模商业化的关键钥匙。

参考文献

[1] Benioff P. Complex rational numbers in quantum mechanics[J]. International Journal of Modern Physics B，2006，20（11）：1730–1741.

[2] Chen S，Sun S，Kang S. System integration of terrestrial mobile communication and satellite communication–the trends，challenges and key technologies in B5G and 6G[J]. China Communications，2020，17（12）：156–171.

[3] Deutsch D. Quantum Theory，the Church–Turing principle and the universal quantum computer[J]. Proceedings of the Royal Society of London A，1985，400：97–117.

[4] Razaque A，Khan M，Yoo J，Alotaibi A，Alshammari M， Almiani M. Blockchain–enabled heterogeneous 6G supported secure vehicular management system over cloud edge computing[J]. Internet of Things，2024，25: 101115.

[5] Wang J W，Sciarrino F，Laing A，Thompson M G. Integrated photonic quantum technologies[J]. Nature Photonics，2020，14: 273–284.

[6] You X，Wang C，Huang J，Gao X，Zhang Z，Wang M，Huang Y，Zhang C，Jiang Y，Wang J，Zhu M，Sheng B， Wang D， Pan Z， Zhu P， Yang Y，Liu Z，Zhang P，Tao X，Li S， Chen Z，Ma X I，Chih–Lin，Han S，Li K，Pan C，Zheng Z，Hanzo L，Shen X，Guo Y J，Ding Z，Haas H，Tong W，Zhu P，Yang G，Wang J，Larsson E G，Ngo H，Hong W，Wang H，Hou D，Chen J，Chen Z，Hao Z，Li G Y，Tafazolli R，Gao Y，Poor H V，Fettweis G P，Liang Y. Towards 6G wireless communication networks: vision，enabling technologies，and new paradigm shifts[J]. Science China Information Sciences，2021，64（1）: 110–310.

[7] 陈亮，余少华 .6G 移动通信发展趋势初探（特邀）[J]. 光通信研究，2019（4）：1–8.

[8] 陈鹏，蔡有勋，蔡晓菲，施丽慧，余旭涛 . 基于纠缠态的量子通信网络的

量子信道建立速率模型 [J]. 物理学报，2015，64（4）：5–11.

[9] 范桁 . 量子计算与量子模拟 [J]. 物理学报，2018，67（12）：16–25.

[10] 江逸楠 . 量子计算的发展趋势综述 [J]. 无人系统技术，2020，3（3）：67–74.

[11] 彭木根，刘喜庆，闫实，曹傧 .6G 移动通信系统理论与技术 [M]. 北京：人民邮电出版社，2022.

[12] 王敬，张萌，李芳，张海懿 . 量子计算关键技术及应用发展分析 [J]. 信息通信技术与政策，2023，7：9–16.

[13] 王向斌 . 量子通信的前沿、理论与实践 [J]. 中国工程科学，2018，20（6）：87–92.

[14] 吴华，王向斌，潘建伟 . 量子通信现状与展望 [J]. 中国科学：信息科学，2014，44（3）：296–311.

[15] 习近平 . 加强量子科技发展战略谋划和系统布局 [J]. 中国信息安全，2020，（10）：6–7.

[16] 张威 . 拥抱量子科技时代：量子计算的现状与前景 [J]. 人民论坛 · 学术前沿，2021（7）：64–75.

[17] 赵亚军，郁光辉，徐汉青 .6G 移动通信网络：愿景、挑战与关键技术 [J]. 中国科学：信息科学，2019，49（08）：963–987.

5

第五章

集成电路

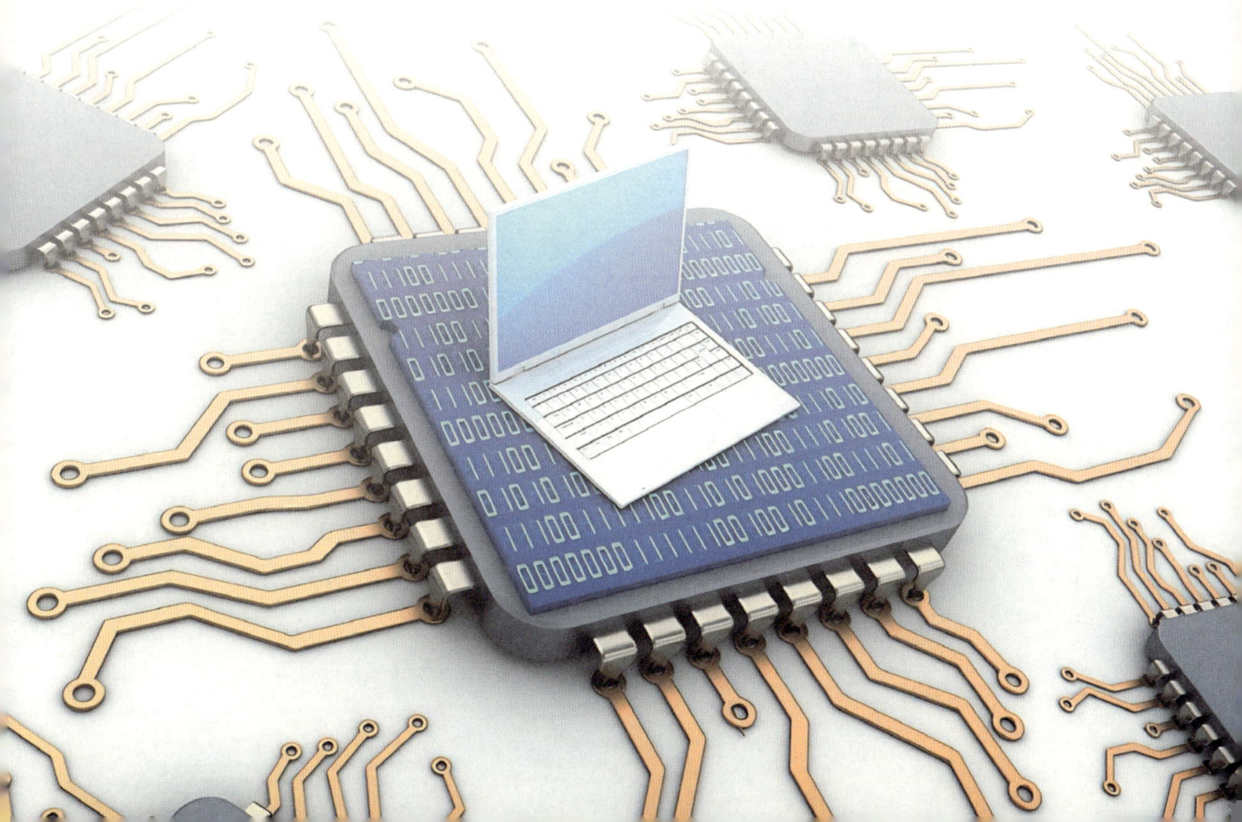

光子芯片与器件

光子芯片与器件概念

国家自然科学基金委员会第312期“双清论坛”，专题回顾和讨论了纳光电子与光子芯片研究方面的进展、成就与未来方向。与会专家认为，光子芯片采用光子或光波作为信息载体，可实现巨量信息的精准获取、高速传输及并行处理。与传统电子芯片相比，光子芯片具有处理速度快、信息失真小、消耗能量少等优势，是支撑未来信息领域发展的基石之一，被认为是“后摩尔时代”① 的核心技术之一。数据中心、星链网络、超级计算、通信系统等信息领域重大应用及产业发展需求不断兴起和持续演进，对光子芯片提出了更严苛的要求和更强烈的需求。

光子芯片技术的发展，器材材料体系多元化发展是实现光子芯片功能多样性的基础和充要条件。在光放大与激光产生方面，硅/III–V异质集成光源发展迅速，已成功将III–V族芯片或晶圆直接键合到SOI（绝缘体上硅）晶圆上，实现低成本片上集成。在近红外波段光探测方面，通过引入锗材料，可补充硅材料自身探

① 后摩尔时代是相较于摩尔定律（Moore's Law）轨迹而言的。摩尔定律的观点认为：当价格不变时，集成电路上可容纳的元器件的数目，每隔18–24个月便会增加一倍，性能也将提升一倍。换言之，每一美元所能买到的电脑性能，将每隔18–24个月翻一倍以上。这一定律揭示了信息技术进步的速度。过去的半个多世纪，半导体行业一直遵循着摩尔定律的轨迹高速的发展，现如今半导体制程节点已经来到了5纳米，借助于极紫外光刻等先进技术，正在向3纳米甚至更小的节点演进，每进步1纳米，都需要付出巨大的努力，单纯靠提升工艺来提升芯片性能的方法已经无法充分满足时代的需求，半导体行业也逐步进入了后摩尔时代。因此，后摩尔时代是指半导体行业无法单纯靠提升工艺来提升芯片性能的时代。在这个时代，技术路线分为“More Moore”（深度摩尔）和“More than Moore”（超越摩尔）两个维度，需要借助新材料、新架构、新封装等创新技术来实现芯片的性能提升。后摩尔时代的技术方向包括硅基冯诺依曼架构、类硅模式、类脑模式和新兴范式等。

测能力的不足，且已实现标准化流片工艺。此外，铌酸锂薄膜具有低吸收损耗、宽透明窗口、高二阶非线性光学系数/泡克尔斯电光系数和压电效应，有望成为发展纳光电子与光子芯片的重要材料平台。硅基铌酸锂薄膜体系展现出超高速调制能力，有望成为新一代硅基高速调制器件的主流技术。而二维材料作为一种新形态功能材料，可用于光源、调制器和光电探测等功能器件，其异质集成具有重要研究价值。

几种常用材料体系的光子集成芯片技术如下：（1）InP（磷化铟）基光子集成芯片。InP 基化合物材料的折射率高，具有较强的光约束能力，可实现高集成度。另外，InP 基化合物材料在单片电路中也具有广泛应用，是光电混合集成的良好平台。但是，InP 基光子器件的材料及器件结构复杂，工艺难度较大，材料及加工成本高，在一定程度上限制了 InP 光子器件的大规模集成应用。（2）Si（硅）基光子集成芯片。Si 基光子芯片常用的材料是 SOI（绝缘体上硅）和 SiN（氮化硅），制备工艺成熟、材料成本低，在无源光子器件应用中具有非常明显优势。基于成熟的硅基工艺，已经发展出了硅基光源、调制器、探测器、集成 OEO（光电振荡器）、滤波器、光开关阵列、延时器等集成光子芯片。（3）LiNbO3（铌酸锂）基光子集成芯片。LiNbO3 材料具有优越的电光性能，与 InP 基材料和 Si 基材料相比，LiNbO3 材料的应用比较单一，主要集中在电光调制器。基于 LiNbO3 材料的电光调制器是现阶段发展最成熟的电光调制器类型，在微波光子技术中已得到广泛应用。（4）新型光子集成芯片。除了以上三种典型材料体系的集成光子芯片外，现阶段还出现了石墨烯、聚合物、等离子激元等新型材料体系的集成光子器件，且表现出了令人惊喜的性能。

光子芯片与器件发展史

芯片是人类信息技术史上的一次变革性突破。从石器时代的壁画、岩画，到农业时代的竹简、活字印刷术，再到工业时代的电话、电报、电视，人类信息生

成、传输、处理、存储等载体发生了多次变革。从本质上讲，芯片就是通过利用半导体材料的物理特性来实现对承载信息的微观粒子的操控，进而实现信息生成、传输、处理、存储等的一种关键技术。

科学家普遍认为，光子可以像电子一样作为信息载体来生成、处理、传输信息。在第九届国际高速摄影会议上，荷兰科学家阿里·波尔德瓦特（Arie Poldervaart）首次提出关于光子学的定义规范。他认为，“光子学是以光子作为信息载体和能量载体的科学”。中国科学院西安光机所首任所长龚祖同院士在1978年9月召开的第二届全国高速摄影会议的发言中提出“激光问世以后，与其联系着的光子学逐步成长”的观点。1979年，钱学森先生在《中国激光》一文中首次提出“光子学、光子技术和光子工业”的构想，并认为以集成光路为核心的光子计算机的运算能力可以超过电子计算机百倍、千倍乃至万倍。

全球科技革命是沿着机械化、电气化、信息化、智能化的演进规律和逻辑在推进的。第一次科技革命是以蒸汽机为代表的机械革命；第二次科技革命是以电为代表的电气化时代；第三次科技革命是以集成电路为代表的信息化时代。过去200多年，本质上是机械和电的时代，但它们的性能现在已经发展到了极致。下一个时代，很大可能将是“光+人工智能”时代，即以集成光路为基础设施的智能化时代。回顾科技史可以发现，人类的技术变革是由以“机电光算”为代表的底层技术推动的。未来，“机电光算”的发展趋势就是芯片化——电发展到集成电路，光发展到集成光路，机发展到MEMS芯片。

早在1969年，美国的贝尔实验室就已经提出了集成光学的概念。近年来随着技术的发展，包括硅、氮化硅、磷化铟等多种材料体系已被用于研发单片集成或混合集成的光子芯片。

光子学与电子学的混合集成一直是提高光子芯片中光电子集成器件的速度和带宽的关键，可通过多种方法实现太比特每秒（Tbps）或更高的信息传输速率。美国英特尔公司于2006宣布，该公司与美国加州大学圣芭芭拉分校的研究人员已成功研发出了世界上首个采用标准硅工艺制造的电力混合硅激光器，这标志着用于未来计算机和数据中心的低成本、高带宽硅光子学设备产业化的障碍之一被解决。

现阶段的光子集成电路仍然存在器件尺寸较大、效率较低、功能单一等挑战，其原因在于传统光波导在结构和材料等方面仍存在局限性。随着全球集成电路产业发展进入“后摩尔时代”，其进一步提升的难度与时间成本都非常之高。

光子芯片与器件发展态势

光电子技术作为国家信息产业的基础技术之一，涉及通信网络、新能源、医疗健康、先进制造、测量、信息存储显示以及国防等多个领域应用。光电子器件是现代信息基础设施和各种新型应用的核心，其技术水平和产业能力已经成为衡量一个国家综合实力和国际竞争力的重要标志。光电子器件与集成技术一直是半导体科学的重要研究方向之一。现阶段，光电子器件总体处于“单个晶体管”时代，信息系统的能耗和容量问题仍然没有得到有效的解决。光电子器件正在面临一次里程碑式的技术变革，必须发展与微电子集成电路类似的光电子器件与集成技术。光电子器件与集成技术具有低功耗、高速率、高可靠、小体积等突出优势，这些优势是突破信息网络所面临的速率带宽、能耗体积、智能化与可重构等方面瓶颈的核心关键技术，在光通信、传感、计算、生物、医药、农业等领域也有着广泛的应用。如同微电子集成电路技术在电子技术领域中所发挥的重大作用一样，可以预见光电子器件与集成技术对于光电子领域的发展将是一次具有里程碑意义的技术变革。由此产生的高性能计算机、高速率低功耗的廉价光通信设施以及新一代的光子传感芯片等，有着广泛的市场前景，也是国家重大战略需求。

经过几十年的发展，全球光电子产业每年以 10% 以上的速度快速增长。我国也掌握世界一流的光电子技术，预计未来我国将占据全球 1/3 的市场空间。据《2022—2026 年光电子器件市场现状调查及发展前景分析报告》统计，我国光电子器件产量突破 1100 亿只，作为光有源器件重要组成部分的 LED 市场规模为 8627 亿元，并且未来全球光电子产业将会向我国偏移，市场规模也将进一步扩大。

光电子对国家社会与经济发展的支撑作用已经成为各国共识。例如，日本在 2010 年开始实施光子融合系统基础技术开发计划，作为其内阁府支持的尖端研究开发资助计划之一，目标在于 2025 年实现“片上服务器”以及“片上数据中心”。美国国家科学委员会在提交给白宫的白皮书《光学和光子学：美国技术的基础》（*Optics and Photonics: Essential Technologies for Our Nation*）和欧洲 21 世纪光子咨询专家组提交的《奔向 2020 年的光子学将成为欧洲经济增长的重要支撑》（*Towards 2020–Photonics Driving Economic Growth in Europe*）都强调光子学是国家竞争力和维护国家安全的关键。光电子作为前沿科学研究中的重要组成部分，一直备受各国重视，并设立了各种有关光电子研究计划。

近二十年来，欧美发达国家围绕光子产业发展皆进行了系统的部署和行动。1991 年美国政府便将光子学列为国家发展重点，认为光子学在国家安全与经济竞争方面有深远的意义和潜力，通信和计算机研究与发展的未来世界属于光子学领域。此后相继成立了“美国光电子产业振兴会”、“国家光子计划”产业联盟、国家光子集成制造创新研究所。2021 年，为确保美国在全球光基础技术创新方面保持领先，美国国会牵头成立了国家光学与光子学核心小组，并投入巨资支持光子技术发展。此外，IBM、英特尔、思科等科技巨头也在光子芯片领域进行了广泛布局。

2023 年 1 月，工业和信息化部等六部门制定《关于推动能源电子产业发展的指导意见》，强调要大力支持光电子器件等基础元器件发展。我国多区域已将光子产业作为最具战略性、基础性、先导性的新兴产业予以部署。北京加快布局建设光电子新型研发机构，发起成立光子硬科技投资基金。陕西率先发布“追光计划”，致力于打造国内首个集“新型研发机构+共性技术平台+基金+产业集群”于一体的“两链”融合光子产业创新生态。近年来我国高校、科研院所在光电子器件与集成技术领域展开了较深入的研究，取得了一系列重要成果，积累了一些研究基础，在这里，简要介绍研究进展。

（1）光通信及信息处理功能集成芯片方向。在高速光电子信息处理功能集成器件方面，我国已具有良好的研究基础和条件。在全光模拟微分器、全光Hilbert（希尔伯特）变换器、全光逻辑运算单元等方面研究成果受到国际学术界广泛认可。在光学数字逻辑器件开发、高级逻辑电路、可编程逻辑阵列、光缓存技术、非线性增强光波导技术等方面的研究成果也获得了国际学术界关注。在宽带高精度光子模数转换器件方面，已经具备进行工作速率达100GS/s的研究平台，并且在光子模数转换的理论和方法、关键部件研究、模数转换系统等方面的研究成果取得了突破性进展。在多维度信息传输技术方面，我国在基于光子轨道角动量复用传输方面，演示了融合轨道角动量、偏振、波长等多种维度复用资源、并同时进行幅度、相位等维度的高阶相干调制的传输方案，取得了国际领先的容量、复用通道数和频谱效率。

（2）超高分辨成像及显示芯片技术方向。重点校所，如浙江大学、中国科学技术大学、北京大学、华中科技大学、深圳大学等，纷纷开始在超高分辨光学成像领域进行研究。中国工程院院士牛憨笨课题组对非线性光学显微特别是荧光多功能成像作出了突出贡献。上海理工大学庄松林院士课题组对超分辨显微矢量光束调控进行了详细的研究。上海光机所徐至展院士课题组对单分子探测显微成像进行了深入研究。北京大学席鹏课题组搭建了一套分辨率在 60 纳米左右的双色 STED 系统。中国科学技术大学侯建国院士课题组利用针尖扫描拉曼分子成像，实现 0.5 纳米的成像分辨率。浙江大学刘旭课题组成功完成了一套基于荧光受激发射损耗技术的超分辨荧光寿命成像系统，空间分辨率达到 38 纳米，荧光寿命探测精度为 20 皮秒。华中科技大学骆清铭课题组开发了脑成像系统，应用于小鼠的脑神经高分辨成像。

（3）宽禁带光电子器件方向。碳化硅（SiC）衬底材料生长方面，山东大学、上海硅酸盐研究所、中国电子科技集团公司第二研究所有一定的积累。氮化镓（GaN）材料生长方面，西安电子科技大学宽禁带半导体材料与器件教育部重点实验室取得了良好成果。碳化硅和氮化铝镓雪崩光电二极管（AlGaN APD）紫外探测器均取得突破，形成了一些优势单位。碳化硅基紫外探测器优势单位主要有南京大学、西安电子科技大学、厦门大学和中国科学院半导体研究所等。氮化铝镓（AlGaN）材料紫外探测器涉及的主要单位包括南京大学、北京大学、中山大学、华中科技大学、中国科学院上海技术物理所、中国科学院长春光学精密器械与物理研究所和中国科学院半导体研究所等。

碳基集成电路

碳基集成电路概念

碳基电子学基于碳纳米管发展而来。碳纳米管是准一维结构，具有化学性质稳定、机械强度高以及热稳定性好等优势，是探索一维电子输运的理想材料。碳基信息电子器件主要的科学技术优势包括高能效优势、对恶劣环境耐受能力强、器件的形态与功能丰富、易于三维异构集成和工艺流程短、成本低。

碳纳米管数字集成电路作为碳基电子技术的技术价值和商业价值最大的一个应用方向，其近年发展主要包括四个方面：高性能电路探索、低功耗器件创新、完备的数字逻辑功能演示和大规模的集成系统研究。

随着集成电路工艺进入亚 10 纳米节点，仅依靠晶体管尺寸缩减带来的集成度提高越来越有限，器件间的互连线也越来越复杂，系统能效的优化空间也越来越小，传统的系统架构更是难以解决内存墙问题，而三维集成电路为这一困境提供了新的选择：在不提高器件工艺难度的情况下，通过三维堆叠多层计算电路或存储电路乃至射频传感电路，来提高芯片的集成度、系统能效和功能多样性。碳纳米管互补型金属氧化物半导体（CMOS）电路加工工艺所需温度较低让碳基三维集成电路成为可能，原则上讲碳纳米管 CMOS 电路既可以多层堆叠自身得到单片三维集成电路，也可以制造在硅基 CMOS 电路的上方得到在片异质集成的三维电路，综合来看碳基 CMOS 技术是三维集成电路的最佳选择，基于碳纳米管的三维集成电路可以拥有密度更高的纳米级层间数据通孔，将数字逻辑计算单元和数据存储单元的距离大幅拉近、降低数据传输耗能和耗时，将数据传输带宽大幅增加、提高计算速度，从而显著提高系统综合能效。理论分析和仿真结果表明，理想的碳管单片三维集成电路相比于硅基平面电路的能效增幅甚至可达 1000 倍。

碳基集成电路发展史

20 世纪 40 年代末，约翰·巴丁（John Bardeen）、沃尔特·布拉顿（Walter H. Brattain）和威廉·肖克利（William Shockley）经过长时间的研究后发明了点接触型和结型晶体管，开启了半导体技术的研究浪潮；20 世纪 50 年代末，杰克·基尔比（Jack Kilby）和罗伯特·诺伊斯（Robert N. Noyce）分别独立设计并制作了最早的集成电路，芯片技术的雏形得以问世。

20 世纪 60 年代中期开始，摩尔定律的提出标志着硅基集成电路技术的快速发展，带来了现代信息技术革命，深刻影响到经济社会的方方面面。随着芯片技术和制造工艺的进步，晶体管的尺寸不断缩减，芯片的集成度和性能不断提升。1974 年，英特尔公司的第一代 4004 处理器，采用 10 微米工艺，晶体管数量约 2250 个，每秒运算约 6 万次；2020 年，苹果公司发布的 A14 芯片，采用 5 纳米工艺制程，集成了约 118 亿个晶体管，运算速度达到每秒 11 万亿次。芯片算力的巨大提升使得机器学习、人工智能等研究从理论算法逐步走向现实应用，也带来了自动驾驶、AR、VR 等新领域的兴起和发展。

与此同时，人们对芯片的信息处理能力、功耗和功能集成等也提出了更高的要求，而硅基 CMOS 技术已逼近其物理极限，芯片的制造工艺也越来越复杂，工艺成本和设计成本越来越高，芯片的算力和能效受限于功耗墙和存储墙等问题难以有效提升，硅基芯片技术已经难以支撑摩尔定律的继续前进，全球半导体产业步入后摩尔时代。

在后摩尔时代，尽管信息技术的基石——半导体产业面临着巨大的技术挑战和工程困难，但是人类社会对数据计算能力和存储能力的需求却与日俱增。因此，半导体学界和业界在艰难发展硅基技术的同时，也越来越将注意力放到新材料和新器件的探索上来，以寻求从根本上延续和拓展摩尔定律。在众多新型半导体材料中，碳纳米管由于其独特的准一维结构和优异的电学性质而受到了人们的高度重视。国际半导体路线图委员会（International Roadmap Committee，IRC）早在 2009 年就推荐碳纳米管作为延续摩尔定律的未来集成电路材料选择。美国国防部先进研究计划局在 2018 年启动的“电子复兴计划”中，投入高达 15 亿美元的经费，希望从系统架构、电路设计和底层器件三方面探索未来的集成电路技术，其中最大的项目是支持相关学术团队和芯片制造企业开展碳纳米管集成电路技术的研究和产业化。国际商业机器公司和台积电等企业的半导体研发团队也在持续跟进碳纳米管电子技术。对碳纳米管这一新型半导体材料的广泛关注和看好根源于其电子学应用上的材料器件本征优势，因而催生了一系列对材料、器件物理、加工工艺乃至集成技术的深入研究。

经过大量的早期探索，代尔夫特理工大学科学家团队和 IBM 公司的科研团队在 1998 年分别独立制造出第一个碳纳米管场效应晶体管。2003 年阿里・杰维（Ali Javey）等经过大量尝试，发现可通过使用高功函数的金属钯作为碳纳米管的电极来得到无势垒 P 型欧姆接触的弹道晶体管，其室温下开态电导接近量子电导的理论极限，首次展现了碳纳米管晶体管的高性能优势。2007 年，北京大学团队实现了以低功函数的金属钪作为碳纳米管电极的 N 型欧姆接触弹道晶体管，其性能达到了 P 型碳纳米管晶体管的最好水准。此外，杰维等和北京大学团队还分别实现了碳纳米管晶体管的 P 型和 N 型自对准结构。这两个研究组的工作展示了碳纳米管在场效应晶体管和 CMOS 集成电路应用上的巨大性能潜力，自此以后碳纳米管电子学领域的主要研究工作也都集中在这两方面。

经过这些原始探索后，以碳纳米管场效应晶体管和 CMOS 技术为核心的碳基电子技术终于开始迅速发展，在材料、器件结构、加工工艺和系统集成方面不断突破，并在数字电路、射频电子、传感探测、三维集成和特种芯片等电子学应用中充分展现了其优势与特色。碳基电子技术正如硅基半导体技术一样，已经完成了丰富的早期探索、进行了系统的技术积淀、得到了大量的资助支持，成了后摩尔时代的重要技术方向，甚至在逐步走向实用化和产业化。

碳基集成电路发展态势

石墨烯和碳纳米管为碳基芯片的主要原材料。石墨烯具备优异力学、光学和电学特性，被认为是一种未来革命性的材料。碳纳米管具有特殊结构以及优异性能，被称为“纳米材料之王”。随着石墨烯和碳纳米管生产技术逐渐发展成熟，我国碳基芯片产量及质量将有所提升。

碳基芯片应用前景较好，有望在折叠屏手机、医疗监控设备、可穿戴设备、新能源汽车等领域获得广泛应用。碳基芯片生产功耗低且基材为环保材料，能够在自然环境中降解，在国家“双碳”目标推动下，碳基芯片行业发展前景将持续向好。

根据美国半导体行业协会（SIA）发布的半导体产业报告显示，2019 年全球半导体营收达到了 4123 亿美元，其中美国占 47%，中国大陆占 5%。但美国企业平均研发投入为 16.4%，中国大陆只有 8.3%。从贸易数据来看，美国半导体出口 460 亿美元，中国大陆进口 3056 亿美元。

彭练矛院士指出碳基技术在未来通信技术发展中的机遇点，现阶段我国 5G 技术主要使用的是 Sub—6GHz 频段，导致频段非常拥挤。他预测，未来的碳纳米管 CMOS 电路、太赫兹（THz）射频晶体管、气体和生物传感器件、柔性电子电路以及碳基电子、光电子、等离激元器件的三维单片集成等领域均有良好的产业化前景。

案例链接

世界首个碳纳米管基的张量处理器芯片

随着人工智能技术的飞速发展，尤其是ChatGPT等大模型应用的崛起，未来世界的数据呈爆发式增长，海量数据的处理对芯片的算力和能量效率提出了严峻挑战。然而，高能效计算芯片的发展正遭遇芯片架构、晶体管性能两个重大瓶颈。与此同时，构建芯片的硅基互补金属氧化物半导体晶体管，也进入了尺寸缩减、功耗剧增的困境，亟须发展超薄、高载流子迁移率的半导体作为沟道材料。

北京大学电子学院、碳基电子学研究中心彭练矛院士－张志勇教授联合课题组，基于碳纳米管晶体管这一新型器件技术，结合高效的脉动阵列架构设计，成功制备了世界首个碳纳米管基的张量处理器芯片，可实现高能效的卷积神经网络运算。碳纳米管具有优异的电学特性和超薄结构，碳纳米管晶体管已经展现出超越商用硅基晶体管的性能和功耗潜力，因此有望成为构建未来高效能运算芯片的主要器件技术。

面向未来AI应用场景的碳基神经网络加速芯片，具有更强的算力和更高的能量效率。仿真结果充分证明了碳基集成电路在未来高能效运算芯片领域的应用潜力。这一技术的突破，能助力我国在碳基集成电路领域换道超车，应用于国防科技、卫星导航、气象监测、人工智能、医疗器械等多重领域。

量子计算芯片

量子计算芯片概念

量子计算机研发的两个关键环节是量子芯片以及量子算法，量子芯片即量子计算机的物理实现与硬件系统，量子算法则是将量子计算机计算效率最大化的软件系统。量子芯片作为量子计算机最核心的部分，是执行量子计算和量子信息处理的硬件装置。但由于量子计算遵循量子力学的规律和属性，以传统的经典集成电路芯片而言，量子芯片在材料、工艺、设计、制造、封测等方面的要求和实现路径上都存在一定差异。

量子芯片采用 2 个量子状态来叠加及纠缠，用以执行以量子比特为基础的运算，因此只要物质的物理性质具有两个易于操作的量子态，都有可能成为量子比特的制作基础，类似经典集成电路芯片中高低电平代表的“1”与“0”。

经典集成电路芯片包括数字和模拟芯片，量子芯片可以视为一种模拟芯片，主要采用的制程在 100 纳米左右，但与经典集成电路芯片最大的不同在于制造的工艺与材料不同。超导量子芯片是利用约瑟夫森结构成的超导电路来实现二能级系统，主流材料是铝，通过在铝膜上刻蚀电路形状，用微波信号实现对其控制。半导体量子芯片是在传统的半导体微电子制造工艺基础上，寻找到能够实现控制的电子，通过控制电子的多个自由度实现二能级系统。相较而言，超

导量子芯片具有显著优势：一是操作数大，超导量子比特相干时间长，操作速度快，保真度高，总体能够实现上千次操作；二是工艺成熟，相对其他固态量子芯片体系，超导量子比特受材料缺陷的影响更小，利用成熟的纳米加工技术，可以实现大批量生产；三是可扩展性好，超导量子比特结构简单，调控方便，极易扩展。现阶段，Google 公司和 IBM 公司推出了超导量子芯片，英特尔、澳大利亚新南威尔士大学和荷兰代尔夫特理工大学推出了半导体量子芯片。

量子计算芯片发展史

量子计算芯片发展脉络与量子计算发展史总体类似。本书在第四章第三节对量子计算进行了介绍，在此不再赘述。1994 年，贝尔实验室的应用数学家彼得·肖尔指出，利用量子计算可以在更短的时间内将一个很大的整数分解成质因子的乘积。自此之后，新的量子算法陆续地被提出来，而物理学家接下来所面临的重要的课题之一，就是如何去建造一部真正的量子计算机，来执行这些量子算法。考虑到系统的可扩展性和操控精度等因素，离子阱与超导系统走在了其他物理系统的前面。

2019 年 8 月，我国量子计算研究获重要进展：科学家领衔实现高性能单光子源。中国科学院院士、中国科学技术大学教授潘建伟与陆朝阳、霍永恒等人领衔，和多位国内及德国、丹麦学者合作，在国际上首次提出一种新型量子计算的方案，在窄带和宽带两种微腔上成功实现了确定性偏振、高纯度、高全同性和高效率的单光子源，为光学量子计算机超越经典计算机奠定了重要的科学基础。国际权威学术期刊 *Nature Photonics* 发表了该成果，评价其“解决了一个长期存在的挑战”。

2021 年 10 月，中国科学院量子信息与量子科技创新研究院科研团队在超导量子和光量子两种系统的量子计算方面取得重要进展，使我国成为世界上唯一一个在两种物理体系达到“量子计算优越性”里程碑的国家。

量子计算芯片发展态势

从算盘时代发展到当今的电子计算机时代，科技发生了翻天覆地的变化。从电子计算机过渡到量子计算机时代，人类社会也将经历巨大变化。

国际上量子计算领域的政策频出。鉴于量子计算机强大的运算和海量数据处理能力，美国、欧洲和日本等发达国家政府以及国际知名科技公司等相继启动了相关研究计划，斥资研发量子计算机。（1）美国。从 20 世纪 90 年代起，美国的多家机构如国防部高级研究计划局、能源部、国家科学技术委员会等先后启动了量子科技相关规划。2016 年，美国国家科学技术委员会发布《推进量子信息科学：国家的挑战与机遇》报告，重点强调发展量子计算的重要性。2018 年，美国国会众议院通过《国家量子倡议法案》。同年，美国政府在白宫举办量子峰会，并发布《量子信息科学国家战略概述》。2020 年，美国国家量子协调办公室发布《美国量子网络的战略构想》和《量子前沿：量子信息科学国家战略进展报告》，进一步确立了美国在该领域开展国际对抗性博弈的发展战略。2023 年，美国推出《量子互连路线图》《人工智能研究和发展战略计划：2023 更新版》《国家近地轨道研究与发展战略》《“生物技术和制造目标”时间表》《国家创新路径》等；发布《保障美国的未来：关键技术评估框架》；设立了 31 个区域创新与科技中心；总统科学技术顾问委员会成立生成式人工智能工作组；国家基金会宣布成立 7 个新国家人工智能研究所。（2）英国。英国制定了新的《科学技术框架》《无线基础设施战略》，成立科学、创新和技术部；启动《2023 国家量子计划》，未来 10 年将在量子领域投资 25 亿英镑。（3）德国。德国制定了《未来研究与创新战略》《量子技术行动计划》《人工智能行动计划》。（4）日本。日本实施《统合创新战略 2023》，从战略高度推动尖端技术研发。（5）韩国。韩国实施《第一次国家研究开发中长期投资战略（2023—2027）》，投入 25 万亿韩元发展 12 大战略产业。

2016 年，全球首个量子计算在线平台公布。这一平台搭载 5 个量子比特的量子处理器，可供全世界用户使用，有大约 30 万人通过“云方式”体验量子计算。2019 年，全球首套商用量子计算机推出。同年，使用 53 个量子比特的量子处理器出现：2019 年 1 月，IBM 公司推出世界上第一台商用集成量子计算系统原型机——IBM Q System One，成为世界上首个完全集成的通用量子计算系统，标志着量子计算商业化的重要一步。2023 年，IBM 公司推出的 133 量子比特处理器“Heron”已支持用户通过云平台访问。2024 年，IBM 公司投入更多 Heron 处理器到市场。2023 年 12 月，普林斯顿大学、哈佛大学和麻省理工学院的物理学家首次成功地将处于特殊量子态的两个分子连接在一起，在量子计算研究方面取得了重大突破。美国原子计算公司（Atom Computing）在 2024 年推出 1225 量子位的量子计算机，这将是全球首个量子位超 1000 的量子计算机。

国际上量子计算芯片技术发展态势良好。英特尔公司长期从事半导体制造，选择硅自旋量子位作为量子位的制备技术，该路线高度契合英特尔公司在制造方面的优势经验，并且为未来的规模化奠定基础。此外，英特尔公司正在将其过去几十年在大规模设备及软硬件系统制造方面积累的一体化优势移至其量子计算研究与应用方面，打造从设备、控制到编程的系统化优势。2019 年 12 月，英特尔研究院发布了代号为“Horse Ridge”的首款低温控制芯片，旨在加快量子计算系统的开发步伐。该芯片能够实现对多个量子位的控制，成为量子实用性道路上的一个重要里程碑。2020 年 7 月，麻省理工学院发布一种制造和整合人造原子的工艺，这种工艺由钻石的微观薄片中的原子级缺陷产生，并带有光电集成技术电路，从而生产出同类最大的量子芯片。该成果标志着可伸缩量子处理器领域的转折点。建造量子计算机将需要数百万个量子处理器，这项新的研究证明了扩大处理器生产规模的可行方法。使用该技术能够构建一个 128 量子位的系统，这是迄今为止最大的集成人工原子光子学芯片。该成果发表在 *Nature* 期刊上。尽管我国在量子信息领域的研究起步晚于美国，但是在国际上较早形成了战略部署和发展规划，因此在进入 21 世纪以来基本保持在第一梯队。2006 年，《国家中长期

科学和技术发展规划纲要（2006—2020 年）》将量子调控列入四个重大基础研究计划。2015 年，“十三五”规划进一步加强了对量子通信和量子计算领域的布局。2021 年，“十四五”规划将量子信息确立为具有前瞻性和战略性的国家重大科技项目，并提出了“加快布局量子计算、量子通信、神经芯片、DNA 存储等前沿技术”的要求。

2019 年 7 月，我国联合团队验证了 24 比特位量子芯片的正确性，同时验证了玻色—哈伯德模型的理论，并在一定意义上显示了玻色子之间的强相互作用力，对于基础粒子的研究具有重要意义。该成果发表在 *Physics Review Letters* 期刊上。

2019 年 8 月，面对当前量子计算科研两大核心难题——量子比特数和操纵精度，来自我国的联合团队发布了搭载有 20 个超导量子位的量子芯片，并操控其实现全局纠缠，成功刷新了固态量子器件中生成纠缠态的量子比特数目的世界纪录。该成果发表在 *Science* 期刊上。

2020年10月，习近平总书记在中共中央政治局第24次集体学习中指出："要充分认识推动量子科技发展的重要性和紧迫性，加强量子科技发展战略谋划和系统布局，把握大趋势，下好先手棋。"

2022年1月，我国首个量子计算全球开发者平台正式上线。该平台旨在将量子计算全球开发者平台打造成国内首个"经典—量子"协同的量子计算开发和应用示范平台，推进量子计算产业落地。

2023年7月，我国科学家成功实现51个超导量子比特簇态制备和验证，刷新所有量子系统中真纠缠比特数目的世界纪录，并首次演示了基于测量的变分量子算法。

2023年10月，我国成功构建了255个光子的量子计算原型机"九章三号"，再度刷新了光量子信息的技术水平和量子计算优越性的世界纪录。"九章三号"是一台光量子计算原型机，由中国科学技术大学等多家单位合作研发成功。九章量子计算原型机的历史可以追溯到2020年12月，当时该团队成功地研制出了76个光子的量子计算原型机，并将其命名为"九章"。在此基础上，科学家们进一步构建了"九章二号"和"九章三号"量子计算原型机，它们的光子数量分别增加到113个和255个。"九章三号"量子计算原型机在处理高斯玻色取样数学问题的速度上有着显著的突破。根据公开正式发表的最优经典精确采样算法，"九章三号"处理高斯玻色取样的速度比上一代"九章二号"提升了100万倍，比目前全球最快的超级计算机快1亿亿倍，处理某些问题的能力远超传统计算机。

案例链接

中国自主超导量子计算机制造链已然“成链”

安徽是中国最先开始量子计算研究及产业化的省份。合肥本土企业——本源量子公布全栈式自主量子计算机产品清单，包含11类本源自主产品，该系列自主产品构成超导量子计算机制造链，标志着合肥形成中国首条自主超导量子计算机制造链。

2024年1月6日，由本源量子公司研制的中国第三代自主超导量子计算机“本源悟空”上线运行，并向全球用户限时免费开放。“本源悟空”的国产化率超过80%。其搭载了中国首条量子芯片生产线上生产的72计算比特量子芯片、中国首套量子计算测控系统、中国首款量子计算机操作系统。

这是中国量子算力首次大规模、长时间向全球开放，标志着中国正式进入量子算力“可用”时代，也意味着中国自主超导量子计算机制造链已然“成链”。新机器匹配了本源第三代量子计算测控系统“本源天机”，实现了国内首次量子芯片的批量自动化测试，使量子计算机整机运行效率提升数十倍。除了硬件，“本源悟空”还搭载了中国首个量子计算机操作系统——“本源司南”3.0版本。这一系统在国内首次实现了对量子计算任务批处理的支持，不但能够支持量超协同计算，还可高效调度量子计算资源，大幅提升量子计算机整机运行效率。2024年5月，量子计算机“本源悟空”核心部件——高密度微波互连模组在合肥完成重大突破，成功解决“一根线”的“卡脖子”问题，实现完全国产化。

由此，中国牢固确立量子计算研究国际第一方阵地位，并成为世界上第三个可以交付量子计算机整机的国家。

参考文献

[1] Javey A，Guo J，Wang Q，Lundstrom M，Dai H. Ballistic carbon nanotube field-effect transistors[J]. Nature，2003，424: 654-657.

[2] Martel S，Boger W. Geometry and mechanics of secondary fracturing around small three-dimensional faults in granitic rock[J]. Journal of Geophysical Research: Solid Earth，1998，103（B9）：21299-21314.

[3] Shulaker M，Hills G，Park R，Howe R，Saraswat K，Wong HSP，Mitra S. Three-dimensional integration of nanotechnologies for computing and data storage on a single chip[J]. Nature，2017，547: 74-78.

[4] Shulaker M，Hills G，Patil N，Wei H，Chen H，Wong HSP，Mitra S. Carbon nanotube computer[J]. Nature，2013，501: 526-530.

[5] Wu H，Zheng F.Thoughts on China’s integrated circuit chip manufacturing in the Post-Moore Era[J]. Engineering，2023，23（4）: 33-39.

[6] 龚旗煌，罗先刚，刘伍明，戴道锌，李涛，肖云峰，唐华，何杰，刘克 . 纳光电子与光子芯片研究：发展与挑战 [J]. 中国科学基金，2023，37（3）：410-417.

[7] 刘晨晨，张志勇 . 碳基 CMOS 集成电路技术：发展现状与未来挑战 [J]. 中国科学：化学，2021，51（11）：1457-1473.

[8] 刘一凡，张志勇 . 后摩尔时代的碳基电子技术：进展、应用与挑战 [J]. 物理学报，2022，71（6）：7-42.

[9] 钱广，钱坤，顾晓文，孔月婵，陈堂胜 . 微波光子集成芯片技术 [J]. 雷达学报，2019，8（2）：262-280.

[10] 盛冲，刘辉，祝世宁 . 光学超构材料芯片上类比引力的研究进展 [J]. 物理学报，2020，69（15）：138-152.

[11] 许海涛，彭练矛 . 碳基集成电路技术研究进展与展望 [J]. 数据与计算发展前沿，2021，3（5）：4-27.

6

第六章

大数据与信息

超级计算机（神威·太湖之光）

超级计算机（神威·太湖之光）概念

神威·太湖之光是世界上首台运行速度超过十亿亿次的超级计算机，也是我国第一台全部采用国产处理器构建的世界第一的超级计算机。在核高基支持下国家高性能集成电路设计中心研制成功申威 25010 众核处理器，打破了国外的技术封锁。该处理器采用 64 位申威指令系统，60 核心峰值性能 3TFLOPS（每秒执行的万亿次浮点运算），核心工作频率 1.5GHz（吉赫，即千兆赫兹），性能指标世界领先。

神威·太湖之光超级计算机由 40 个运算机柜和 8 个网络机柜组成。每个运算机柜比家用的双门冰箱略大，打开柜门，4 块由 32 块运算插件组成的超节点分布其中。每个插件由 4 个运算节点板组成，一个运算节点板又含 2 块“申威 26010”高性能处理器。一台机柜就有 1024 块处理器，整台“神威·太湖之光”共有 40960 块处理器。

2016 年 7 月 15 日，吉尼斯世界纪录大中华区总裁罗文在北京向国家超级计算机无锡中心主任杨广文颁发吉尼斯世界纪录认证书，宣布我国自主研制的超级计算机“神威·太湖之光”是“运算速度最快的计算机”。

神威·太湖之光超级计算机在成果应用上也取得了重大进展。在试运行期间，清华大学、北京大学、中国科学院软件所、中船重工 702 所、国家计算流体力学实验室等 30 多家用户单位，在天气气候、航空航天、海洋科学、新药创制、先进制造、新材料等领域，与超算无锡中心建立了应用合作关系。其中，有 3 个在“神威·太湖之光”超级计算机上开展的应用课题荣获“戈登·贝尔奖”提名。设立于 1987 年的“戈登·贝尔奖”，被喻为计算机高性能应用领域的“诺贝尔奖”。

这是中国人在国产超级计算机上的应用课题首次入围“戈登·贝尔奖”，这一重大突破标志着我国超级计算机的应用能力也达到了世界先进水平。

超级计算机系统的每一部件均在我国本土制造意义重大。美国劳伦斯伯克利国家实验室副主任霍斯特·西蒙（Horst Simon）称：“中国已在这场比赛中大幅领先。”① 该实验室是超级计算机的主要用户，协助编制全球超级计算机 500 强名单。“TOP500”网站评论说，“神威·太湖之光”的性能结束了“中国只能依靠西方技术才能在超算领域拔得头筹”的时代。

超级计算机（神威·太湖之光）发展史

我国的计算机行业起步并不算晚，通过学习苏联的计算机技术，1958 年 8 月 1 日我国第一台数字电子计算机 103 机诞生。进入 70 年代，我国对于超级计算机的需求激增，中长期天气预报、模拟风洞实验、三维地震数据处理、以至于新武器的开发和航天事业的发展都对计算能力提出了新的要求。为此我国开始了对超级计算机的研发。1983 年研制成功“银河－Ⅰ”超级计算机。并继续成功研发了“银河－Ⅱ”“银河－Ⅲ”“银河－Ⅳ”“银河－Ⅴ”为系列的“银河”超级计算机，使我国成为世界上少数几个能发布 5—7 天中期数值天气预报的国家之一。1992 年研制成功“曙光一号”超级计算机，在发展“银河”和“曙光”系列同时，我国发现由于向量型计算机自身的缺陷很难继续发展，因此需要发展并行型计算机，于是我国开始研发神威超级计算机，并在神威超级计算机基础上研制了神威蓝光超级计算机。2002 年中国联想集团研发成功深腾 1800 型超级计算机，并开始发展“深腾”系列超级计算机。

2010 年，我国第一次拥有了全球最快的超级计算机“天河一号”超级计算机，

① 林小春．中国正成为全球超算舞台上的有力竞争者——访美国劳伦斯伯克利国家实验室副主任霍斯特·西蒙.[EB/OL]. (2016-11-15). http://www.xinhuanet.com/world/2016-11/15/c_1119918183.htm.

每秒超过 10 亿亿次浮点运算，而所用平台是英特尔提供的大约 10 万颗 CPU。

超级计算机一向被称为“国之重器”，超级计算属于战略高技术领域，是世界各国竞相角逐的科技制高点，也是一个国家科技实力的重要标志之一。我国由于基础薄弱起步较晚，一直在国际舞台上受制于人，美国更是在 2015 年宣布对中国禁售高性能处理器。2015 年 4 月，美国商务部发布了一份公告，决定禁止向中国等 4 家国家超级中心出售至强芯片，这一决定使“天河二号”升级受到阻碍。

2016 年 6 月，我国已经研发出当时世界上最快的超级计算机“神威 · 太湖之光”，落户在无锡的国家超级计算机中心。该超级计算机的浮点运算速度是世界第二快超级计算机“天河二号”的 2 倍，达 9.3 亿亿次每秒。2017 年 6 月，德国法兰克福国际超级计算机大会公布了世界计算机 500 强榜单，我国最新的超级计算机“神威 · 太湖之光”登顶，并且实现了其核心处理器的全国产化。2018 年 6 月，在法兰克福世界超算大会上，美国能源部橡树岭国家实验室推出的新超级计算机“Summit”以每秒 12.23 亿亿次的浮点运算速度，接近每秒 18.77 亿亿次峰值速度夺冠，“神威 · 太湖之光”位居第二。

“神威·太湖之光”的研制成功，实现了三个显著性突破：一是数量级。这是全球第一台运行速度超过 10 亿亿次 / 秒的超级计算机，峰值性能高达 12.54 亿亿次 / 秒，持续性能达到 9.3 亿亿次 / 秒，几近排名第二的“天河二号”的 3 倍。二是自主研发的纯国产机。“神威·太湖之光”全部采用中国芯“申威 26010”众核处理器和自主系统软件及应用支撑。单芯片的峰值性能就已接近 1999 年“TOP500”榜单上世界第一的超级计算机，性能指标达到国际领先水平。三是绿色节能。从世界领先的高效水冷技术到软硬件协同、智能化的功耗控制方法，“神威·太湖之光”实现了层次化、全方位的绿色节能，功耗比达到每瓦特 60.51 亿次运算，是目前世界上最绿色节能的超级计算机之一。

超级计算机（神威·太湖之光）发展态势

“实践反复告诉我们，关键核心技术是要不来、买不来、讨不来的。”2018 年 5 月 28 日召开的两院院士大会上，习近平总书记发表重要讲话。四次蝉联世

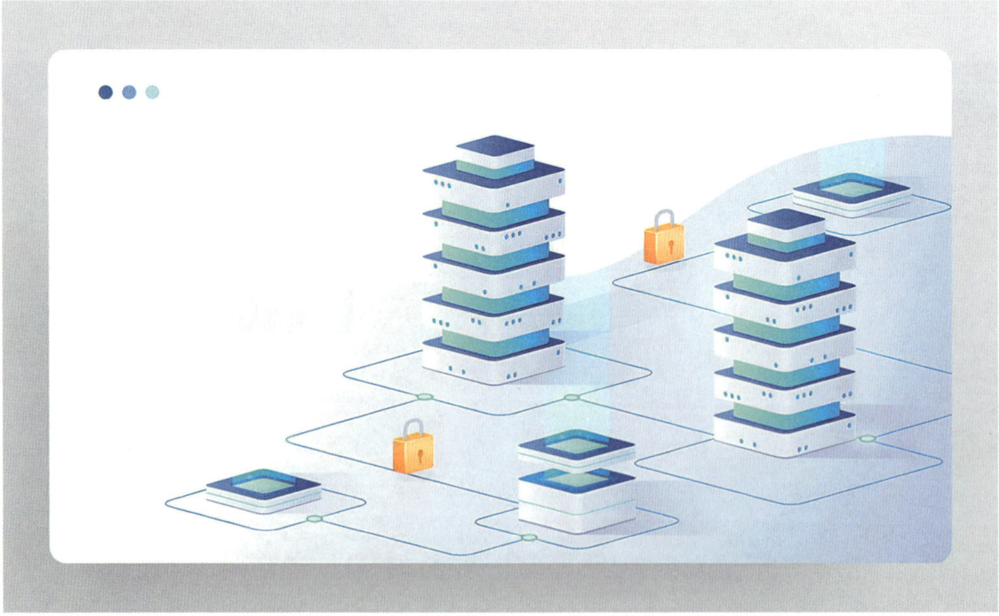

界之冠的“神威·太湖之光”超级计算机，作为我国着力推进的战略高技术研究典范被总书记点名表扬。到2023年为止，“神威·太湖之光”超级计算机千万核心全机应用已达20多个，完成了20多个应用领域、200多项百万核心大型问题的求解任务。TOP500榜单编纂人称赞“神威·太湖之光”：“毋庸置疑是这个星球上最强大的数字运算机器。”

纵观超算历史，呈现“你追我赶”式发展特征。我国于1982年研制出首台超级计算机“银河－Ⅰ”，1992年研制出“银河－Ⅱ”，2010年推出“天河一号”，首次登顶世界超级计算机排行榜。2010年之后，日本的“京”、美国的“蓝色基因”“泰坦”，我国的“天河二号”“神威·太湖之光”交替领跑超级计算机排行榜。同时，超算技术转化为经济社会的发展动力也在增强。超级计算机的应用领域非常广泛，从气象监测、地震预警、石油勘探、疾病诊断，再到太空探测，都有超级计算机的身影。在大气海洋环境、新能源新材料、生物医药健康、战略装备设计制造等领域，超级计算机也展现出强大的推动作用，不断拓展人类认识世界的边界。

当然，我们也发现超级计算机发展需要解决能耗过高这个主要问题。以全球前十名的超级计算机为例，每小时消耗电量超过2万度，与一座小型城镇的耗电量相当。未来超级计算机将朝以下两方面发展：一是分布式。通过建立类似电网的小型超级计算机网络，不仅实现不同超级计算机之间的算力互补，还能使其速度更快，同时能耗更低。二是朝“类脑”方向发展。借助脑科学，将人脑开发与超级计算机结合，有望创造新的应用场景。欧盟、美国和瑞士等国家和地区组织正在研制模拟人脑的神经网络计算机和“类脑”芯片，这些都被看作是“类脑”超级计算机的雏形。

物联网与云计算

物联网与云计算概念

物联网是物物相连的互联网，是互联网的延伸。它利用局部网络或互联网等通信技术把传感器、控制器、机器、人员和物等通过新的方式连在一起，形成人与物、物与物相连，实现信息化和远程管理控制。从技术架构上来看，物联网可分为四层：感知层、网络层、处理层和应用层。

物联网是物与物相连的网络，通过为物体加装二维码、RFID（射频识别）标签、传感器等，就可以实现物体身份唯一标识和各种信息的采集，再结合各种类型网络连接，就可以实现人和物、物和物之间的信息交换。因此，物联网中的关键技术包括识别和感知技术、网络与通信技术、数据挖掘与融合技术等。

云计算是分布式计算、并行计算、效用计算、网络存储、虚拟化、负载均衡、热备冗余等传统计算机和网络技术发展融合的产物。初期的云计算，还是简单的分布式计算，主要解决任务分发、计算结果合并。这也符合大型企业创业初期的需求，即想解决本企业自身的效率与计算问题。伴随技术创新和企业发展壮大，这种计算能力也可以提供给外部使用。公共云计算应运而生。

狭义的云计算是指厂商依靠分布式计算和虚拟化技术搭建数据中心或超级计算机，以免费或按需租用方式向需求方（技术开发者或者企业客户）提供数据存储、分析以及科学计算等服务，比如亚马逊数据仓库出租生意。广义的云计算指厂商依靠建立网络服务器集群，向各种不同类型客户提供在线软件服务、硬件租借、数据存储、计算分析等不同类型的服务。广义的云计算包括了更多的厂商和服务类型，例如国内用友、金蝶等管理软件厂商推出的在线财务软件，Google 公司发布的 Google 应用程序套装等。这种服务可以是 IT 和软件、互联网相关的，也可

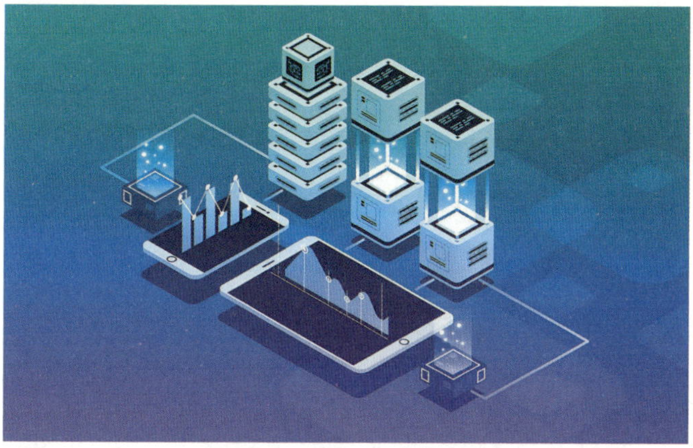

以是任意其他的服务。

通俗的理解是，云计算的“云”就是存在于互联网上的服务器集群上的资源，它包括硬件资源（服务器、存储器、CPU 等）和软件资源，本地计算机只需要从互联网发送一个需求信息，远端就会有成千上万的计算机为用户提供需要的资源并将结果返回到本地计算机，这样，本地计算机几乎不需要做什么，所有的处理都由云计算提供商所提供的计算机集群来完成。“云”中的资源在使用者看来是可以无限扩展的，并且可以随时获取，按需使用，随时扩展，按使用付费。这种特性经常被称为像水电一样使用 IT 基础设施。

物联网与云计算发展史

物联网起源于传媒领域，是信息科学技术产业的第三次革命。物联网是基于互联网、广播电视网、传统电信网等信息承载体，让所有能够被独立寻址的普通物理对象实现互联互通的网络。

1995 年，比尔·盖茨（Bill Gates）在《未来之路》（*The Road Ahead*）一书中首次提及“物联网”概念。1998 年，美国麻省理工学院创造性地提出了当时被称作 EPC 系统的“物联网”的构想。1999 年，美国麻省理工学院自动识别中心（Auto-ID）首先提出“物联网”的概念，认为物联网是建立在物品编码、RFID 技术和互联网的基础上。2005 年 11 月 17 日，在突尼斯举行的信息社会世界峰会上，国际电信联盟发布的《ITU 互联网报告 2005：物联网》指出，无所不在的“物联网”通信时代即将来临，世界上所有的物体从轮胎到牙刷、从房屋到纸巾都可以通过因特网主动进行交换。射频识别技术、传感器技术、纳米技术、智能嵌入技术将到更加广泛的应用。

Google 公司前 CEO 埃里克·施密特（Eric E. Schmidt）是“云计算”概念的第一个提出者。在 2006 年 8 月 9 日的搜索引擎大会上，他提出“云计算”的概念。也有人认为，当今云计算市场的龙头老大——美国亚马逊公司，在更早的 2006 年 3 月，就正式推出了自家的弹性计算云服务，是事实上的云计算开创者。虽然云计算基础技术纷纷出现，但是 20 世纪 70—80 年代，人们沉浸于个人电脑市场的繁荣，主要精力都放在了软件和网络上，进而忽视了对效用计算（Utility Computing）的关注。

1984 年，SUN Microsystems 公司联合创始人曾提出“网络就是计算机”的重要猜想，用于描述分布式计算技术带来的新世界。云计算，其实就是分布式计算的一种。

然而，人们仍然没有对云计算引起足够的关注。直到 20 世纪 90 年代，云计算相关的理念重新回到了人们的视野。不过这次它换了一个更简单的名字，叫作“网格计算”。“网格”的叫法，和我们日常理解的“网格化管理”有很大不同，它是直接照搬自电网的概念。它本质目的还是把大量机器整合成一个虚拟的超级机器，给分布在世界各地的人们使用，也就是公共计算服务。1996 年，康柏公司的一群技术主管在讨论计算业务的发展时，首次使用了“Cloud Computing”这个词，他们认为商业计算会向云计算的方向转移。1996 年 11 月 14 日，康柏公司提出关于云计算的商业计划。

物联网与云计算发展态势

云计算市场规模不断扩大。根据 Gartner 公司统计，2021 年以 IaaS、PaaS、SaaS 为代表的全球公有云市场规模达到 3307 亿美元，增速达 32.5%。我国云计算市场也持续高速增长，成为全球重要的云计算市场。2021 年中国云计算市场

规模达3229亿元，同比增长54.4%。其中公有云市场2181亿元，同比增长70.8%；私有云市场1048亿元，同比增长28.7%。

伴随数字化转型进程加快，云计算正逐渐成为经济社会运行的数字化业务平台。据Gartner公司测算，2015—2021年，全球政府和企业的云计算市场渗透率逐年上升，由4.3%上升至15.3%。云计算用户已经遍及互联网、政务、金融、教育、制造等各个行业。在中国，互联网行业是云计算产业的主流应用行业，占比约为1/3；在政策驱动下，中国政务云近年来实现高增长，政务云占比约为29%；交通物流、金融、制造等行业领域的云计算应用水平正在快速提高，占据了更重要的市场地位。

云边网将加速一体化融合。云计算厂商的大型云计算数据中心正在向着新型多层次数据中心演进，更多基于物联网的边缘计算数据中心与云计算数据中心连接在一起，并实现智能终端、物联网、互联网和云计算的高度一体化融合。

混合云将是大型企业云服务的常见模式。很多大型企业采用多个云服务供应商，包括公共云与私有云，以满足不同的需求。公有云与私有云的组合被称为混合云，混合云的优势是能够适应不同的平台需求，它既能提供私有云的安全性，也可以提供公有云的开放性，因此混合云是大型企业云服务的常见模式。中小企业则更多采用公有云模式。

北斗系统

北斗系统概念

北斗，自古以来一直专指北方苍穹中定四时勘方向的七颗明星。现今当我们提起北斗，它更是一组闪耀太空的中国卫星。北斗系统是我国为了国家安全和发展需要自主研发的全球卫星导航系统，可以为全球用户提供全天候、全天时、高精度定位、导航和授时服务。全球能提供全球服务的卫星导航系统主要有美国全球定位系统（GPS）、俄罗斯格洛纳斯（GLONASS）、欧洲伽利略卫星导航系统（Galileo）和我国北斗卫星导航系统。在北斗系统出现之前，国内的卫星导航系统基本上是被全球定位系统所垄断，但是从国家战略发展的角度，一直受制于美国的技术肯定是不可取的，所以国家开启了北斗系统计划。

北斗系统是通过三步走来建立的，也就是大家经常听说的“北斗一号”“北斗二号”和“北斗三号”。北斗卫星导航系统是我国着眼于国家安全和经济社会发展需要，自主建设运行的全球卫星导航系统，是为全球用户提供全天候、全天时、高精度的定位、导航和授时服务的国家重要时空基础设施。我国将持续推进北斗应用与产业化发展，服务国家现代化建设和百姓日常生活，为全球科技、经济和社会发展做出贡献。

北斗系统秉承“中国的北斗、世界的北斗、一流的北斗”发展理念，愿与世界各国共享北斗系统建设发展成果，促进全球卫星导航事业蓬勃发展，为服务全球、造福人类贡献中国智慧和力量。我国将一如既往地积极推动国际交流与合作，实现与世界其他卫星导航系统的兼容与互操作，为全球用户提供更高性能、更加可靠和更加丰富的服务。

北斗系统发展史

20 世纪 70 年代，我国就想建立自己的卫星导航系统。结合当时国内经济和技术条件，陈芳允院士于 1983 年创新性地提出了双星定位的设想。之后，北斗系统工程首任总设计师孙家栋院士，进一步组织研究，提出“三步走”发展战略。第一步，2000 年建成“北斗一号”系统（北斗卫星导航试验系统），为我国用户提供服务。第二步，2012 年建成“北斗二号”系统，为亚太地区用户提供服务。第三步，2020 年建成北斗全球系统，为全球用户提供服务。

1994 年，我国正式启动了“北斗一号”系统的建设。2000 年，我国发射了 2 颗地球静止轨道卫星，建成系统并投入使用。“北斗一号”采用有源定位体制，为我国用户提供定位、授时、广域差分和短报文通信服务。2003 年，我国又发射第 3 颗地球静止轨道卫星，进一步增强“北斗一号”系统的性能。

“北斗一号”使我国成为继美、俄之后第三个拥有卫星导航系统的国家。“北斗一号”是探索性的第一步，初步满足我国及周边区域的定位导航授时需求。“北斗一号”巧妙设计了双向短报文通信功能，这种通导一体化的设计，是北斗的独创。

2004年，我国启动了“北斗二号”系统的建设。“北斗二号”并不是“北斗一号”的简单延伸，它克服了“北斗一号”系统存在的缺点，提供海、陆、空全方位的全球导航定位服务，类似于美国的全球定位系统和欧洲的伽利略定位系统。2007年4月14日4时11分，第一颗“北斗二号”导航卫星从西昌卫星发射中心被“长征三号甲”运载火箭送入太空。2009年4月15日，第二颗北斗导航卫星由“长征三号丙”火箭顺利发射，位于地球静止同步轨道。

随后，北斗卫星导航系统的建设开始突飞猛进。2010年，西昌卫星发射中心在一年之内接连发射了5颗北斗导航卫星。在接下来的几年里，只有2013年和2014年没有发射卫星，其他年份每年都有3颗以上的卫星被发射上天。2012年，我国完成14颗卫星的发射组网。这14颗卫星分别运行在3种不同的轨道上，其

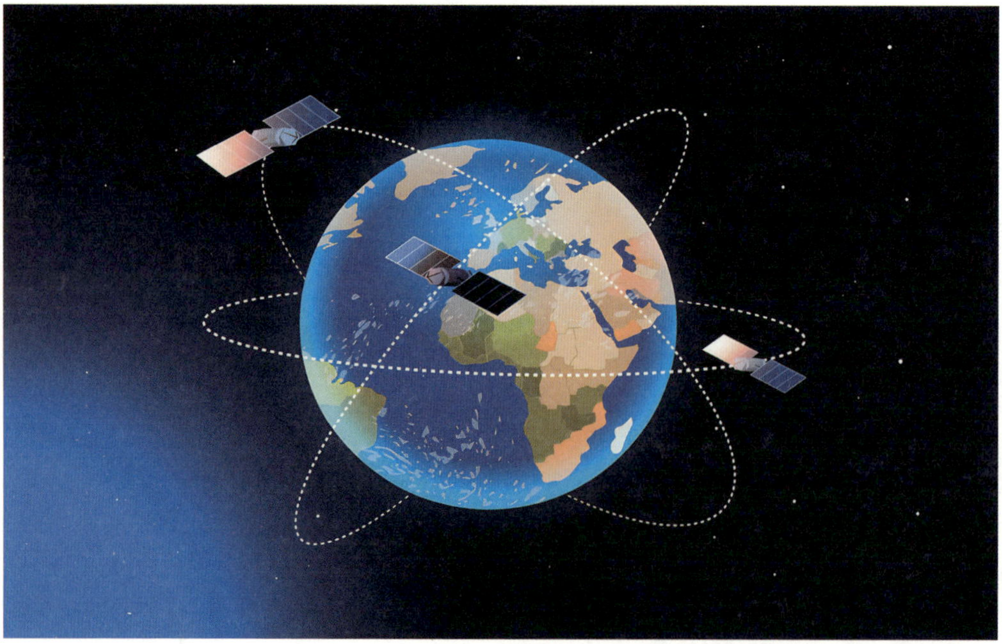

中5颗是地球静止轨道卫星，5颗是倾斜地球同步轨道卫星，还有4颗是中圆地球轨道卫星。“北斗二号”在兼容“北斗一号”技术体制基础上，增加无源定位体制，为亚太地区提供定位、测速、授时和短报文通信服务。这种中高轨混合星座架构，为全世界发展卫星导航系统提供了全新范式。2019年5月17日，我国在西昌卫星发射中心用“长征三号丙”运载火箭，成功发射了第四十五颗北斗导航卫星。该卫星是我国“北斗二号”工程的第四颗备份卫星，至此，我国“北斗二号”区域导航系统建设圆满收官。

2009年，我国启动了“北斗三号”系统的建设。2017年11月5日，第一颗“北斗三号”卫星发射升空。“北斗三号”系统的建设速度更加惊人。到2019年12月，仅两年多的时间，科研人员就将28颗“北斗三号”组网卫星和2颗“北斗二号”备份卫星成功地送入预定轨道，以平均每个月1.2颗卫星的发射密度，刷新了全球卫星导航系统组网速度的世界纪录。

“北斗三号”要实现全球导航服务的目标，就必须与其他卫星导航系统同台竞技，它必须在性能和服务水平上都做到世界一流。因此，科研人员在信号体制上进行创新性设计，同时对影响信号质量性能的设备进行攻关，攻克了卫星使用的高精度铷钟、氢钟、铯钟等时频技术，信号生成和播发设备性能已达到国际同类产品的先进水平，增加星钟自主平稳切换和信号完好性监测等功能，保证信号连续性，极大地提高了导航服务的可靠性，在局部上处于领先水平。此外，为确保我国卫星上使用的产品都是自主可控的，通过发动国内元器件、单机产品研制单位攻坚克难，使卫星上的产品全部由中国制造。

经过北斗科研团队的艰苦努力，“北斗三号”全球卫星导航系统已全面建成，正在向全球提供安全可靠、连续稳定的高精度导航定位与授时服务。北斗在国内导航地图领域已实现主用地位，北斗定位服务日均使用量超过3603亿次。此时此刻，距离地球表面不同高度、不同角度的轨道上，北斗卫星正在不停运转，随时为全球200多个国家和地区的用户提供全天候、全天时、高精度的定位、导航与授时服务。

北斗系统发展态势

北斗系统不仅要在天上发挥作用，还要在地面上开发衍生出更多应用，造福于民。通俗地说，北斗卫星导航系统解决了何人、何时、何地的问题，这就是北斗的特色服务，靠一个北斗终端就能走遍大江南北。

位置服务和定位信息是基于北斗领域的两个广阔市场应用。智慧交通、数字城市正是建立在此之上的。北斗系统的定位服务在智慧生活中将发挥巨大作用，如在城市应急方面，北斗系统的定位服务在汶川、雅安地震中已体现出来。在基础设施和通信设施全部瘫痪的地震区，救援人员依靠北斗系统及时传递出灾区信息。位置服务应用方面，如城市主要设施、建筑物的形变等监测，北斗系统的高精度服务能提供有力的支持。

2020年8月3日，中国卫星导航系统管理办公室主任冉承其宣布，“北斗三号”建成以后，已启动下一代北斗（“北斗四号”）的建设发展。目标在2035年前建设一个更智能、更泛在、更融合的系统。简单来讲，从室内到室外、深海到深空的立体服务覆盖的更强、更安全、更可靠的系统。现阶段，拥有45颗在轨卫星的北斗系统已进入稳定运营期，对于国内乃至周边、全球的生产生活服务需求，已经基本能够满足，使得“北斗四号”的研制部署拥有充足的时间裕度。

案例链接

打破国外技术垄断　让网络无处不在

卫星导航系统与国家安全息息相关，建设一个自主可控的全球卫星导航系统至关重要。在江苏省南京市江北新区，就有一家从事“北斗+”业务的企业——南京中网卫星通信股份有限公司（以下简称“中网卫通”），它成立于2000年6月，专注于卫星通信产品自主设计研发及服务的高新技术企业，致力于做国际技术领先的卫星通信系统服务商。

众所周知，卫星通信在军事、远洋、抢险救灾、航空通信、远程医疗等众多领域都有着广泛的应用。当用户不具备地面和其它无线通信条件时，卫星通信甚至是唯一的通信手段。然而，能使卫星通信“大显身手”的卫星通信技术却长期受制于人。据了解，在过去20年里，卫星通信的关键技术和高端产品一直被国外垄断。

中网卫通自成立以来，在卫星通信系统领域不断深耕，基于“产品+服务”的业务模式，自主设计研发了Ku和高通量Ku/Ka卫星车载站、卫星便携站终端、卫星动中通、卫星地面站，北斗、天通和卫星物联网系列终端产品，国内领先的移动气象台、北斗气象单兵、气象雷达，多通道卫星应急通信指挥系统、环保专家决策系统、智慧“海e通”系统等，为我国在通信卫星领域的发展添砖加瓦。

目前，中网卫星的产品、解决方案、服务已在政府应急、气象、环保、林草、国动（民防）、卫生、地震、公安、农业农村、自然资源、电力、运营商、银行、法院、央企、教育等领域成功使用。中网卫通推出的融合了卫星物联网、云计算、区块链、大数据技术的“云卫通大数据公共服务平台”，不仅成为国内首创的卫星应用产业链配套和进出口贸易业务公共信息服务平台，还被批准成为“江苏省卫星应急通信服务基地”“江苏省卫星应急通信网络工程技术研究中心”“国家级卫星定位装备动员中心”等。

参考文献

[1] Chen X，Xu Y，Shang L. Satellite internet of things：Challenges，solutions，and development trends[J]. Frontiers of Information Technology & Electronic Engineering，2023，24（7）：935–945.

[2] Leslie M. First supercomputer breaks exascale barrier，with more expected soon[J]. Engineering，2023，23（4）：10–12.

[3] 宁焕生，徐群玉 . 全球物联网发展及中国物联网建设若干思考 [J]. 电子学报，2010，38（11）：2590–2599.

[4] 施闯，赵齐乐，李敏，唐卫明，胡志刚，楼益栋，章红平，牛小骥，刘经南 . 北斗卫星导航系统的精密定轨与定位研究 [J]. 中国科学：地球科学，2012，42（6）：854–861.

[5] [加] 童文，朱佩英 .6G 无线通信新征程跨越人联物联迈向万物智联 [M]. 华为翻译中心译 . 北京：机械工业出版社，2021.

[6] 杨元喜 . 北斗卫星导航系统的进展、贡献与挑战 [J]. 测绘学报，2010，39（1）：1–6.

7

第七章

生命与健康

基因与生物技术

基因与生物技术概念

基因（遗传因子）是产生一条多肽链或功能RNA（核糖核酸，Ribonucleic Acid）所需的全部核苷酸序列。生物体的生、长、衰、病、老、死等一切生命现象都与基因有关。基因具有双重属性——物质性和信息性，前者是其存在方式，后者是其根本属性。带有遗传信息的DNA（脱氧核糖核酸，Deoxyribonudeic Acid）片段称为基因，其他的DNA序列，有些直接以自身构造发挥作用，有些则参与调控遗传信息的表现。组成简单生命最少要265到350个基因。

生物技术是应用生物学、化学和工程学的基本原理，利用生物体或其组成部分来生产有用物质，或为人类提供某种服务的技术。随着现代生物技术突飞猛进的发展，包括基因工程、细胞工程、蛋白质工程、酶工程以及生化工程所取得的成果，利用生物转化特点生产化工产品，特别是用一般化工手段难以得到的新产品，改变现有工艺，解决长期被困扰的能源危机和环境污染两大棘手问题，受到人们的关注，且有的已付诸现实。

基因与生物技术密不可分，因为在生物技术中，基因技术是最重要的。基因工程技术就是通过改变生物体的基因来进行生物改良。在该技术中，科学家们可以插入一些有益基因，或者去除一些不良基因，来改良生物的品种和性状。

另外，基因测序技术也是生物技术的重要组成部分。基因测序技术可以通过测量DNA分子上的核苷酸序列，来读取生物体的基因信息，从而更好地理解生物的遗传特征和生长发育规律。基因芯片技术也可以帮助科学家快速分析和识别大量基因数据，从而更好地了解生物的病理和生物学特征。

基因工程是生物技术的一个重要分支，它涉及对基因的直接修改和操作。通过基因工程，科学家们可以插入、删除或修改生物体的基因，从而改变其特性或产生新的特性。这项技术在医学上被用于治疗疾病，农业上用于改良农作物，工业上用于生产药物和其他有用的化合物。生物技术还包括许多其他技术，如细胞培养、蛋白质工程、基因测序等。

基因与生物技术发展史

公元前 7000 年，人类日常生活中对动物养殖的观察和应用从对野生动物的驯化开始。当然，这一努力是农耕演变的最初时期。然后，这又为另一个需求铺平了道路，如开发保存食物和储存的方法。人类进行了新的观察，发明了奶酪和凝乳等食品。在历史上，奶酪的发明可以被认为是生物技术运用的第一批直接产品之一。18 世纪被称为“古典生物技术”阶段。

19 世纪，由于农业生产发展的需要，人们开始重视动植物的遗传变异现象并对这些现象进行了系统研究，这为“基因”概念的产生创造了条件。1868 年，查尔斯·罗伯特·达尔文（Charles R. Darwin）受希波克拉底和阿那克萨哥拉斯的生源说影响提出了泛生论的假说，认为生物体的细胞能产生自我繁殖的微粒，这些微粒可以汇聚于生殖细胞并决定后代的遗传性状。尽管这种观点缺乏实验论证，但是它充分肯定了生物体内部存在特殊的物质负责遗传性状的传递。之后，德国动物学家奥古斯特·魏斯曼（August Weisman）在前人基础上提出了种质论，认为种质是生物体的遗传物质，它可能作为遗传单位存在于染色体上，这为基因概念的形成奠定

了理论基础。

1959 年，在前人的遗传学理论研究基础上，奥地利生物学家格雷戈尔·孟德尔（Gregor J. Mendel）第一个对遗传现象做了系统的实验研究。通过豌豆杂交实验，他认为生物性状是由“遗传因子”来控制的，这些遗传现象符合分离定律和自由组合定律。之后，荷兰学者雨果·弗里斯（Hugo de Vries）、德国学者卡尔·柯伦斯（Carl E. Correns）和奥地利学者埃里克·切玛克（Erich V. Tschermak）分别证实了孟德尔的实验结果。由于孟德尔的杰出贡献，他被尊称为“遗传学之父”。1869 年，弗里德里希·米舍尔（Friedrich Miescher）首次认识到人类白细胞（白血球）细胞核内的“核素”。1871 年，恩斯特·海克尔（Ernst H. P. A. Haeckel）提出，遗传物质可以在细胞核中找到。后来，他的实验证明这一说法是真实的，而且染色体作为携带遗传信息的单位被发现。同年，约瑟夫·李斯特（Joseph Listel）用青霉菌对人体组织的抗菌作用进行了实验。1909 年，丹麦哥本哈根大学的植物学家约翰森（Wilhelm L. Johannsen）首次用“基因”（Gene）一词表示遗传因子。不过，当时的遗传因子没有涉及基因的具体物质概念，只是一个经过统计学分析的理论概念。1919 年开启生物技术新时代，科学家卡罗里·埃雷基（Karoly Ereky）首次使用“生物技术”（Biotechnology）一词，即生物可以被用来将原材料变成有用的产品。

孟德尔的遗传因子学说是宏观水平上的发现，其所提出的遗传因子是否存在于细胞中需要进行细胞水平上的研究。随着当时工业生产的发展，用以研究生物学实验的仪器设备有了极大的改进。1926 年，美国生物学家托尔斯·H. 摩尔根（Thomas H. Morgan）正式提出了基因学说，即“三位一体”的基因概念。该学说认为基因首先是决定性状的功能单位，能控制蛋白质的表达，决定一定的表型效应；其次是一个突变单位，可以发生在等位基因之间，表现出变异类型；最后它是一个重组单位，只发生在基因之间，可以产生与亲本不同的基因型。这把染色体和基因联系了起来，说明了基因具有物质性，不过，摩尔根教授在其著作《基因论》一书中并没有涉及基因的本质是什么以及基因的功能是如何发挥等问题。

1940 年是现代生物技术的开端，第二次世界大战结束后，一些非常关键的发现为现代生物技术铺平了道路。生物技术的发展，意味着人类科学各领域技术水平的综合发展；生物技术的发达程度与安全程度，也标志着人类文明的发达程度。

基因与生物技术发展态势

2021 年 3 月，在“十四五”规划中，明确“基因与生物技术”作为七大科技前沿领域攻关领域之一，并且“生物技术”还作为九大战略性新兴产业之一，其中“基因技术”为未来产业。

《中国基因修饰行业市场前瞻与投资战略规划分析报告》显示，从产业链整体环节来看，我国基因编辑行业上游通常不是企业，而是科研机构、高等院校等研究团队，这些研究团队将专利授权给中游的生物科技公司。同时，生物科技公司通过对科研团队投资以共享专利。中游的生物科技公司可分为两大类，一类是基因编辑产品供应商，一类是基因编辑技术服务商。产品供应商指试剂盒、病毒载体及核酸序列合成等供应商，技术服务商通常提供相关的技术平台。下游终端客户主要包括 CRO（医药研发合同外包服务机构）公司、制药公司、生物技术公司、科研机构四大类。通常，生物科技公司为这些下游公司提供产品和技术，相应地，下游公司会对生物科技公司进行投资或与其合作以共享产品。基因与生物技术发展至今，其中最前沿和最关键的战略高技术是基因编辑技术，它已成为生命科学领域重要的颠覆性技术之一。世界各国加大在基因编辑领域的投资力度，积极推动基因编辑技术商业化进程。全球基因编辑市场规模快速增长，根据 *Allied Market Research* 和 *Global Market Research* 的统计，2021 年至 2022 年，全球基因编辑行业市场规模由 48.11 亿美元增长至 54.12 亿美元，2022 年同比增速为 12.49%。总体来看，行业增速较快，市场规模仍有较大的增长空间。

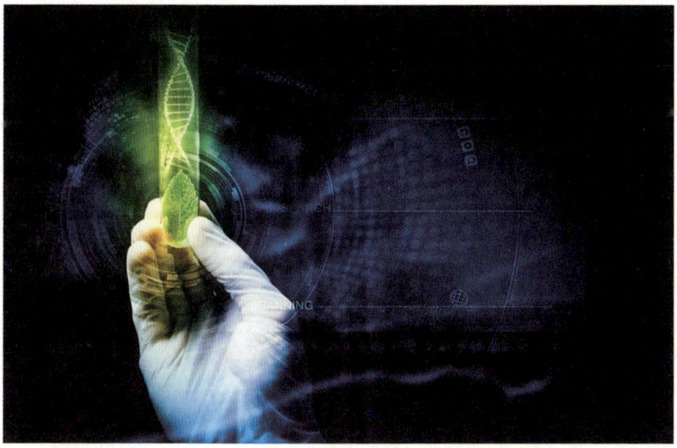

作为生命科学发展迅速的重要研究领域，基因编辑技术的开发及应用使得生物体的遗传改造呈现前所未有的深度与广度。它是一种能够对生物体基因组及其转录产物进行定点修饰或者修改的技术，可对特定DNA片段进行敲除、加入和替换等，从而在基因组水平上进行精确地基因编辑。基因编辑技术为研究人员提供了一种强大的工具，可以改变基因的遗传特征和表达。基因编辑领域涌现出单碱基基因编辑技术、引导编辑技术、RNA编辑技术等，基因编辑技术工具箱不断扩大，已经成为跨学科和转化研究、精准医学研究的重要手段和驱动力，为人类未来发展的诸多方面带来深刻变革。

截至2023年，主要的基因编辑技术可分为三种，分别为ZFN（锌指核酸酶）技术、TALEN（转录激活因子样效应因子核酸酶）技术、CRISPR/Cas9技术。其中，CRISPR/Cas9系统是一个天然存在于原核生物的RNA干扰系统，其介导的基因组编辑过程精确度较高，同时细胞毒性也有所降低，但也存在一定不足——只有当目标序列周围存在特定的标记物时，该技术才能得以实现。

现阶段，基因编辑技术在癌症、心脑血管疾病、遗传性疾病的治疗方面引起极大关注，可为慢性疾病患者提供精准药物。同时，这项技术还可以改善农业食品供应，提高稀缺生物制品的生产效率，解决气候问题和控制病虫害种群数量等。例如，在医疗领域，我国中重度地中海贫血病人达30万人，基因携带者有3000万人。过去，对于地中海贫血病的传统治疗方法是输血。一般来说，有输血依赖的重度地中海贫血病人，大约每4周需要输一次血。一个体重40公斤的病人，一年需要8000毫升的血，但是即使病人接受规范的输血，也只有一半的病人能

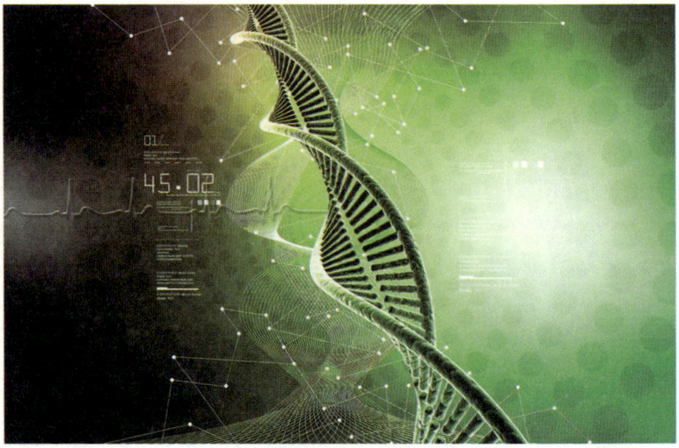

够活过35岁。现在，可以直接用基因编辑把这个疾病基因改过来，病人的血红蛋白出现问题，因此产生的红细胞非常少，修改之后就回归正常了。

剪辑肠道细菌是基因编辑技术的下一个开拓领域。对存活在人体肠道内的细菌的脱氧核糖核酸加以轻微调整，便可能帮助人们了解和战胜多种人类疾病。

2021年7月，世卫组织发布《人类基因组编辑治理框架》，为人类基因组编辑提供建议，旨在使其更好地成为造福公众健康的工具。人类基因组编辑技术具有提高治疗和治愈疾病的极高潜力，但也伴随着相应的风险。世卫组织的报告为人类基因组编辑的注册、国际研究、医疗旅行以及对相关技术的教育等九种不同情况提出建议，并为在实施、监管和监督人类基因组相关研究明确不同工具方面提供全新的管理框架，有望为该技术带来系统性的改善，有助于在所有国家确保安全、有效、符合伦理的人类基因组编辑，为人类带来更好的健康。

脑科学与类脑研究

脑科学与类脑研究概念

脑科学和类脑智能技术是两个重要的前沿科技领域。二者相互借鉴、相互融合的发展是新趋势。脑科学研究对大脑认知神经原理的认识，提升了人类对自身的理解和脑重大疾病的诊治水平，也为发展类脑计算系统和器件、突破传统计算机架构的束缚提供了重要的依据。

脑科学主要研究大脑的结构、功能和机制，涵盖了神经科学、认知心理学、神经病学等多个学科领域。类脑研究则致力于模拟和实现人类大脑的功能和特性，包括知觉、注意、记忆、语言、思维等方面。自20世纪中期以来，随着计算机科学、生物医学工程等技术的不断进步，脑科学与类脑研究得以快速发展。

人类大脑大约有1000亿个神经元，它们如何连接以及为何连接错误导致精神错乱或是出现严重的神经性疾病，当前人类并没有弄清楚其中的奥秘。全球人口老龄化时代的到来，阿尔茨海默综合征等神经衰退性疾病日益成为人类的健康负担，人类希望知道大脑是如何工作的。有鉴于此，“脑科学与类脑科学研究”简称为“中国脑计划”，主要有两个研究方向：以探索大脑秘密、攻克大脑疾病为导向的脑科学研究以及以建立和发展人工智能技术为导向的类脑研究。

“中国脑计划”主要解决大脑三个层面的认知问题：（1）大脑对外界环境的感官认知，即探究人类对外界环境的感知，如人的注意力、学习、记忆以及决策制定等；（2）对人类以及非人灵长类自我意识的认知，通过动物模型研究人类以及非人灵长类的自我意识、同情心以及意识的形成；（3）对语言的认知，探究语法以及广泛的句式结构，用以研究人工智能技术。

脑计划对我国基础脑科学技术研究平台有很大的提升，这些技术体现在神经标记和神经环路示踪技术、大脑成像技术、神经调节技术、神经信息处理平台等方面。此外，该项目建立一个脑图像国家平台，一个有关大脑功能失调的血液生物库和大脑生物库以及大脑健康训练和教育中心，对于基础脑科学研究来说，带来显著的长尾效应。

脑科学与类脑研究发展史

公元前1500年，古埃及医学典籍《史密斯纸草书》（*Edwin Smith Papyrus*）最早出现“大脑”一词的象形文字。公元前5世纪，以古希腊“医学之父”希波克拉底（Hippocrates）为代表的希波克拉底学派，认为疾病是由身体组织和体液的不平衡引起的，发展出体液理论（*Humoral Theory*）。当这些体液处于平衡状态时，人体健康；而当体液失衡时，会导致疾病。公元2世纪下半叶，罗马帝国医生盖伦（Galen）将体液理论发展为四种气质，在脑解剖和脑生理学方面开了先河。他认为“气”包括“所在心脏的理性部分”、脑中的“精气”、心的“活气”和肝的“动气”，其中，脑中的“精气”决定运动、感知和感觉。他认为思考是脑的作用，即脑才是人体的核心器官，它控制着人体的所有功能和行为。

16世纪文艺复兴时期，达·芬奇（Leonardo da Vinci）切开牛脑组织得到了侧脑室、第三脑室和第四脑室的模型，绘制出大脑的4个脑室。1543年，“解剖学之父”安德雷亚斯·维萨里（Andreas Vesalius）在其七卷本《人体的构造》（*De humani corporis fabrica*）一书中，绘制了视交叉、小脑、嗅球等结构，这是第一次从科学的角度描述脑的形态结构。1664年，英国医师托马斯·威利斯（Thomas Willis）在《脑的解剖学》（*Cerebri Anatome*）一书中描述了脑的大量结构，该书插图与现代神经解剖学教科书上的解剖结构图基本相同。他也提出大脑皮层是使人区别于其他动物，具有高度智力的关键所在。

18世纪90年代，维也纳医生弗朗兹·加尔（Franz J. Gall）率先研究了大脑中不同区域的心理功能，提出了颅相学（phrenology）的概念。他认为大脑是负

责所有感觉和自主运动的器官，头脑的不同区域控制行为的不同方面，并试图把精神功能与脑区联系起来。

1861 年，法国生理学家保罗·布罗卡（Paul P. Broca）在自己一系列研究基础上，最早发现大脑左半球语言中枢。人们将他发现的这种失语症命名为“布罗卡失语症”，相关联的大脑区域则被称为“布罗卡区”。1874 年德国的神经学者卡尔·韦尼克（Carl Wernicke）发现语言理解能力干扰区与语言听觉区，形成了脑功能定位的经典理论。1873 年，意大利神经科学家卡米洛·高尔基（Camillo Golgi）创立了著名的铬酸盐－硝酸银染色法，即“高尔基染色法”，清晰地看到网状结节中悬浮着黑色斑点，这便是脑组织最基本的构成单元——神经元细胞。

在同一时期，被誉为“现代神经科学之父”的西班牙圣地亚哥·卡哈尔（Santiago Ramóny Cajal）改进了高尔基染色法。他认为神经元是独立的单位，突起互不融合，颠覆了高尔基早先奠定的网状理论。1906 年，卡哈尔与高尔基共同获得了诺贝尔生理学或医学奖。1897 年，被誉为“现代生理学奠基人”的英国神经生理学家查尔斯·谢灵顿（Charles S. Sherrington），观察到了神经元之间的接触部位，并命名为“突触”，信息传递的关键部位被发现。英国生理学家格拉斯·艾德里安（Adrian E. Douglas）证实了谢灵顿的生理学概念，并开发了脑电波图（ectroenecephalography，EEG）。1932 年，谢灵顿与艾德里安共同获得诺贝尔生理学或医学奖。

1918 年，美国神经外科医生和科学家沃尔特·丹迪（Walter E. Dandy）发明了脑室充气造影术，该技术是基于 X 光成像对侧脑室的空气注射。

1927 年，葡萄牙神经科学家安东尼奥·埃加斯·莫尼兹（António C. A. F. Egas Moniz）发明了脑血管成像技术，该技术能够准确呈现颅内正常和异常的血管。

1946 年，美国诞生了人类第一台通用计算机“ENIAC”。ENIAC 以电子管作为元器件，所以又被称为电子管计算机，是计算机的第一代。

1956 年，赫伯特·西蒙（Herbert A. Simon）和艾伦·纽厄尔（Allen Newell）在《逻辑理论机——一个复杂的信息处理系统》（*The logic theory machine-A complex information processing system*）一文中提出“逻辑理论机”（LTM）。同年，达特茅斯会议讨论如何用计算机模拟人的智能，并正式提出“人工智能”（Artificial Intelligence）学科。西蒙、纽厄尔以及达特茅斯会议的发起人约翰·麦卡锡（John McCarthy）和马文·明斯基（Marvin Minsky）被称为“人工智能之父”。

1957 年，美国语言学家艾弗拉姆·乔姆斯基（Avram N. Chomsky）的著作《句法结构》（*Syntactic Structures*）发表，该书建立了一种公式化的一般语言结构理论，标志着“转换—生成语法”的诞生。转换—生成语法研究人脑中的认知系统和普遍语法。

1957 年，南非学者阿兰·科马克（Allan M. Cormack）发明了一种计算 X 线在人体内的辐射特性的方法，为 CT 的发明奠定了理论基础，并于 1963 年制造了 CT 原型机。1961 年，英国电机工程师高弗雷·豪斯费尔德（Godfrey N. Hounsfield）研究计算机处理断层图像的技术，在 1968 年获得专利。这两位被公认发明了计算机断面成像技术（Computer Tomography，CT），这种技术可以获取较高分辨率的脑结构图像，他们两人于 1979 年获得诺贝尔生理学或医学奖。

1973 年，英国化学家保罗·劳特布尔（Paul C. Lauterbur）、科学家彼得·曼斯菲尔德（Peter Mansfield）研究和开发了核磁成像技术（MRI），2003 年两人获得诺贝尔生理学或医学奖。1978 年，第一张大脑的核磁共振图像出现。

2000 年，瑞典科学家阿尔维德·卡尔松（Arvid Carlsson）、美国科学家保罗·格林加德（Paul Greengard）、奥地利科学家埃里克·坎德尔（Eric R. Kandel）发现

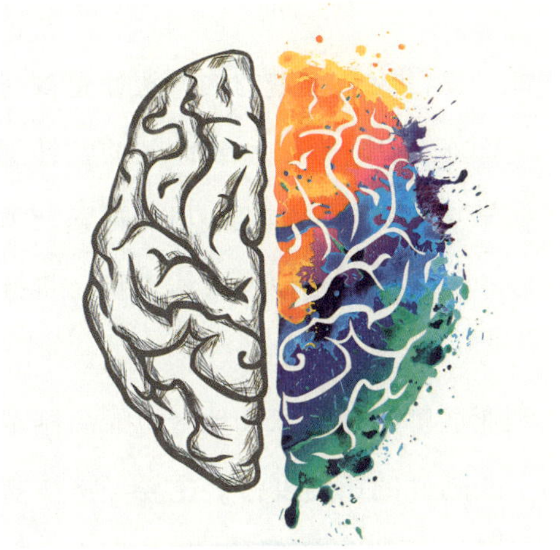

人类脑神经细胞间信号传递介质多巴胺及神经系统中的信号传导原理，并因此共同获得诺贝尔奖。

2005 年，瑞士洛桑联邦理工学院脑与心理研究所（EPFL）成立了“蓝脑计划”（Blue Brain Project），其任务是利用生物学数据重建和哺乳动物大脑模拟来识别大脑结构和功能在健康和疾病中的基本原则。

2014 年，英国教授约翰·奥基夫（John O'Keefe）、挪威神经科学家梅·莫索尔（May B. Moser）、爱德华·莫索尔（Edvard Moser）发现了构成大脑定位系统的细胞，三人共获 2014 年的诺贝尔奖。

2017 年，美国科学家杰弗里·霍尔（Jeffrey C. Hall）、迈克尔·罗斯巴什（Michael Rosbash）及迈克尔·杨（Michael W. Young）控制昼夜节律的分子机制，即生物钟，由大脑下丘脑“视交叉上核”，三人因此共同获得了诺贝尔奖。

2018 年，清华大学李路明教授团队攻克了脑起搏器核心技术，荣获 2018 年度国家科技进步奖一等奖。同年，瑞士“蓝脑计划”发布首个数位 3D 脑细胞图谱。2019 年，浙江大学胡海岚教授揭示了情绪和情感行为的神经生物学基本机制，推进了人类关于抑郁症发病机理的认知，获得第 12 届 IBRO-Kemali 国际奖。

2020 年，中国学者王晓群、吴倩和汤富酬联合发表《脊髓上皮瘤微环境景观的调查揭示了肿瘤相关巨噬细胞的双重功能》（*Interrogation of the microenvironmental landscape in spinal ependymomas reveals dual functions of tumor-associated macrophages*）一文，揭示了肿瘤微环境的细胞类群和基因表达谱，详细绘制了人脑的动态发育蓝图。

脑科学与类脑研究发展态势

脑科学和类脑智能作为人类发现自身机能、激活终极创造力的源头，是现代科学研究最具挑战性的领域之一。2022 年，美国、中国等国家或地区的脑计划取得较大进展；在脑图谱绘制、脑发育与脑认知功能解析、脑疾病机制探索及类脑智能技术与产品开发方面取得重要研究突破；脑疾病药物研发管线丰富，将推动相关产业快速发展。

除了美国、欧盟、日本，加拿大、澳大利亚、韩国等国家和地区也先后制定了独立的脑科学和类脑智能计划，或者做出了跟随性的策略安排。主要经济体前瞻布局脑科学和类脑智能，既是科学活动自身发展的必然结果，也是面向现实需求的战略选择。美、欧、日的“脑计划”经过近十年的实施和升级，总体上取得了以下方面的进展：

一是重要成果相继涌现。如在其国家“脑计划”资助下，美国科学家于 2021 年发布了在分子水平上绘制的哺乳动物初级运动皮层细胞类型特征图，该成果是迄今为止最全面、最细致展示哺乳动物大脑的科学图谱；日本也在其“脑计划”实施 4 年后完成了该项目的核心科学任务，成功绘制出狨猴大脑的 3D 图谱，为研究人类帕金森症的分子机制提供了实验和病理依据；欧盟则提出了立足于充分实验结果的全新人脑理论模型。

二是搭建起脑科学研究平台。由 26 个国家、135 家研究机构参与的欧盟“人脑计划”需要整合的科研资源庞杂，因而欧盟十分注重平台建设。自实施以来，欧盟“人脑计划”先后建立了神经信息学、大脑仿真、神经计算、神经形态计算、人工智能机器人和医疗大数据6个科研和数据平台。同时，打破“脑计划”的体制边界，向非计划内（包括非欧盟）的科学家开放脑科学数据，促使欧盟“人脑计划”发展成为全球规模最大的脑科学创新平台。值得注意的是，发达国家的“脑计划”均强调了数据的重要性。

三是各国“脑计划”相继完成升级，并进一步深化。欧盟“人脑计划”已经完成“快速启动”和“正式运作”两个阶段，转入最后3年的“稳定实施”阶段，科学家的工作重点开始聚焦于开发能够模拟人脑运作原理的超级计算机和创新脑疾病的治疗方案；2022年，美国确立了“脑计划2.0”及新一轮科学目标，将在2020—2026年交出全面的人类大脑细胞图谱，绘制完整的哺乳动物大脑微连接图谱，研制精确获取大脑细胞类型的工具；日本则启动了“脑跃升计划”（Brain/Mind Beyond），设立了发现和干预初期的神经疾病、分析从健康状态到患病状态的大脑图像、开发基于人工智能的脑科学技术、比较研究人类与灵长类动物的神经环路、划分脑结构功能区域并开展同源性研究五大研究重点。

尽管前景广阔，但是脑科学和类脑智能研究尚未发生系统性、整体性突破，也没有迎来科学界公认的革命性贡献，研究成果的阶段性、分散性特点突出。大数据和人工智能的广泛应用为脑科学研究提供了有力手段，脑病研究需要大样本支持，脑神经图谱的生成同样倚重大数据，然而迄今为止，人类对人脑工作机理的了解仍非常有限，仅占人脑全貌的约5%—10%，尚有大量基础性科学问题有待破解，由脑科学衍生出的生命健康、人工智能、仿生科技等未来产业发展仍存在诸多不确定性。出现这种状况的根本原因在于人脑的生理构造十分复杂，尽管有了生命科学和大数据等领域的最新工具和成果作为支撑，但脑科学研究难度大的局面未能从根本上扭转，对脑结构和功能的认识始终面临解剖、显微成像、弱信号检测等技术的限制。未来，新型成像、神经监测与调控等技术将推动脑认知、脑疾病和类脑智能各个细分领域快速发展。此外，脑科学与类脑智能领域的数据治理和伦理安全监管问题将越来越受到重视。

案例链接

未来脑园

国家"十四五"规划纲要提出，在类脑智能、未来网络等前沿科技和产业变革领域，前瞻谋划一批未来产业。类脑智能已成为大国间竞争博弈的前瞻布局方向及未来产业热门领域。南京市"江北新区脑科学与类脑研究产业技术创新计划"启动以来，围绕布局"脑科学"产业创新发展的各项工作正稳步推进。基于北京大学分子医学南京转化研究院、非线性科学与技术研究院等脑科学领域重点新型研发机构项目相继落户南京片区的坚实基础，引进落实了中国脑成像联盟江苏省分中心、南京慧脑云脑科学研究院等一批创新载体。

南京脑科学与类脑智能创新中心是"基因之城"与"芯片之城"两大领域交叉融合发展的体现，未来将就脑科学与类脑智能展开深入合作，创新研发脑机接口、人机交互新技术和新装置，构建心智模型及个性化脑功能动态图谱，实现汉语言的脑功能解码；建立脑科学多模态分析的数据工厂，开展研发类脑语言理解和新一代人机交互智能技术和脑机交互系统；整合引进类脑、脑机领域高端人才及团队，立足江北发展未来脑产业。该中心的建立对推动江北新区（自贸试验区）、中国乃至全球人工智能、智慧 loT 产业发展及类脑科学前瞻性研究具有重要战略意义。

江北新区将紧抓未来产业发展机遇，攻关智能产业关键核心技术，整合全省力量着力发展类脑智能产业，将江苏省建设成为未来类脑智能产业的"高地"。

生物育种

生物育种概念

生物育种是指利用遗传学、细胞生物学、现代生物工程技术等方法原理和现代生物技术，培育和推广一系列性能优良的动植物新品种的育种新技术和新产业。生物育种方法主要有杂交育种、诱变育种、多倍体育种、单倍体育种、细胞工程育种（组织培养育种）、基因工程育种（转基因育种）等。生物的育种技术体现着当代生物科学研究的最新成果及其应用。矮化育种、杂种优势利用等每一次种业技术的重大变革，都使水稻产量提高 10%—15%。

诱变育种是指利用人工诱变的方法获得生物新品种的育种方法。杂交育种是指利用具有不同基因组成的同种（或不同种）生物个体进行杂交，获得所需要的表现型类型的育种方法。单倍体育种是利用花药离体培养技术获得单倍体植株，再诱导其染色体加倍，从而获得所需要的纯系植株的育种方法。多倍体育种是染色体变异。选择育种方法要视具体育种目标要求、材料特点、技术水平和经济因素，进行综合考虑和科学决策。细胞工程育种是指用细胞融合的方法获得杂种细胞，利用细胞的全能性，用组织培养的方法培育杂种植株的方法。

生物育种发展史

由于生物育种、生物技术的发展同属于生物学，为此，关于生物育种的发展史也可参考本章第一节。在这里，我们重点梳理与生物育种紧密相关的发展进程。国际上将育种发展分为 4 个典型阶段。育种 1.0 时代，人类驯化了大量野生植物进入农耕文明。育种 2.0 时代，育种家主要依赖经验并把统计学、数量遗传学和杂交育种策略应用到优良品种选育中。育种 3.0 时代，先进的生物技术包括分子标记辅助选择、基因工程在育种中广泛应用。随着人工智能、基因编辑、合成生物学等学科发展，育种进入由前沿科学技术引领的“生物技术＋信息技术＋人工智能”育种 4.0 时代。

20 世纪以来，生物育种技术已经历了三次飞跃，分别是 20 世纪 50 年代的“高秆变矮秆”的“第一次绿色革命”，20 世纪 70 年代兴起的杂交水稻技术，以及 20 世纪 90 年代至今的分子育种阶段。

21 世纪以来，受益于生物育种技术的发展，全球种子市场迅速增长。全球种业市场呈现由中、美构成的双寡头局面。近年来，我国政府推出多项关于种子行业的政策，目的是推动种业生物科技技术的发展，完善种业市场的监管体系，同时打击非法转基因等违法行为。从政府陆续出台的相关政策看，政府对于转基因种子研发企业呈支持和保护的态度，生物育种技术是我国种业未来重要的发展趋势。2020 年 12 月份召开的中央经济工作会议，面对“十四五”开局，围绕构建新发展格局，部署了 2021 年的八项重点任务。其中，“解决好种子和耕地问题”引人注目。党的十八大以来，这是首次中央经济工作会议层面提到解决种子问题。

生物育种发展态势

粮食安全，国之大者。习近平总书记指出：“耕地就那么多，稳产增产根本出路在科技。”以生物技术为特征的新一轮农业科技革命正在孕育重大突破，在现代农业发展中发挥着先导和引领作用。发展生物育种是保障我国国家粮食安全、增强国际竞争力的重大战略选择。

党中央、国务院高度重视种业安全和生物育种工作。习近平总书记强调，要坚持农业科技自立自强，加快推进农业关键核心技术攻关；要加快生物育种产业化步伐。加快推进生物育种研发与应用，将高新技术融入农业农村现代化工作，是提升我国农业综合竞争力的重要途径。党的十九届五中全会提出，要瞄准生物育种等八大前沿领域，实施一批具有前瞻性、战略性的国家重大科技项目。2020年中央经济工作会议强调，要有序推进生物育种产业化应用。《“十四五”推进农业农村现代化规划》提出，加快实施农业生物育种重大科技项目，有序推进生物育种产业化应用。国家发展改革委印发的《“十四五”生物经济发展规划》中也将现代种业提升工程列为生物经济七大工程之一。

21世纪以来，我国在种业基础研究领域取得诸多突破，但仍存在一些短板。我国绝大部分物种的基础研究尚在跟跑，重要性状形成的遗传基础与调控网络研究不系统。我国现代化种业创新体系开始形成，但与发达国家已建成全球布局的一体化现代育种体系相比，我国种业创新体系顶层设计不足，基础研究、技术创新、品种培育的创新链与产业链有机衔接不畅，种业企业整体创新能力弱、规模小，育繁推一体化的商业化育种机制尚不健全，种业创新成果知识产权保护水平亟待提高。

我国食物系统转型升级，饲料粮需求强劲，结构性矛盾突出。2021年我国大豆进口量9653万吨，对外依存度85.5%，其中巴西、美国和阿根廷进口量分别占60%、34%和4%。玉米进口量2835万吨，对外依存度9.39%，其中美国进口70%，乌克兰进口29%。国内玉米、大豆单产水平不足美国的60%。

国内外的实践表明，生物育种是打赢种业翻身仗的关键。加快生物技术产品创新，挖掘育种价值新基因，攻克关键核心技术制约，面向产业发展需求，开展多基因叠加、多性状复合新产品研发。加快产业化后端抗性治理研究与体系建设，建立中国特色的抗性治理体系，防止靶标生物或除草剂抗性加强。鼓励企业开展生物育种科技创新，通过组建科企创新联合体，促进生物育种成果加速应用。建立生物育种全流程产品管理体系，加强产业化后期市场、加工、流通、贸易等环节的监管，明确各相关主体责任，把前门打开的同时把后门堵住。

案例链接

“农业中关村”和“种业之都”

2023年北京市农村工作会议召开，北京以建设“农业中关村”和“种业之都”为重点，集中首都优势资源和要素，强化农业科技支撑，打造农业科技强市、现代种业强市。

北京全域建设“农业中关村”。以平谷区为重点，各涉农区立足自身产业基础和优势，在全市范围内构建农业科技创新格局，强化创新驱动农业高质量发展。围绕农业“卡脖子”问题抓好技术攻关，承接开展农业机器人、智能化精准育种、细胞工厂等6项国家农业关键核心技术攻关，用好“揭榜挂帅”“赛马”等机制，整合各级各类优势科研资源开展联合攻关。围绕“最后一公里”问题抓好转化应用，深化“金三角”模式，孵化、转化一批先进农业科技成果，启动建设数字农业、智慧农场、新型农业微生物等14个应用场景，用好农业科技大讲堂、“科技小院”“博士农场”等线上线下服务平台，推动新品种、新技术普遍惠及一般农户。

北京全力打造“种业之都”。深入实施种业振兴行动，充分发挥种业企业创新主体地位，以国家认定的31家种业阵型企业为龙头，加强科企合作，加快构建商业化育种体系。办好中国北京种业大会，搭建全国性种业交流交易平台。加强央地联动、协同创新，积极承接杂交小麦、玉米、白羽肉鸡等10项国家良种联合攻关任务。开展本地优势特色物种种质创制及品种选育联合攻关，培育推广一批口感好、品质佳、价值高的当家品种，建设提升一批种业创新基地，强化种源供给能力。

参考文献

[1] Darwin C. The Variation of animals and plants under domestication[M]. London: John Murray, 1868.

[2] Tan Y, Du H, Wu X, Liu Y, Jiang M, Song S, Wu L, Shu Q. An instrument for practical application of gene biology to plant breeding [J]. Journal of Zhejiang University-Science B (Biomedicine & Biotechnology), 2020, 21(6): 460-473.

[3] Yuan J, Gong H, Li A, Li X, Chen S, Zeng S, Luo Q. Visible rodent brain-wide networks at single-neuron resolution[J]. Front Neuroanat, 2015, 9: 70.

[4] 康乐，王海洋. 我国生物技术育种现状与发展趋势 [J]. 中国农业科技导报，2014，16（1）：16-23.

[5] 蒲慕明，徐波，谭铁牛. 脑科学与类脑研究概述 [J]. 中国科学院院刊，2016，31（7）：725-736+714.

[6] 孙欣，高莹，杨云锋. 环境微生物的宏基因组学研究新进展 [J]. 生物多样性，2013，21（4）：393-401.

[7] 张文. 加快生物育种研发应用 推进农业科技自立自强 [J]. 中国农业科技导报，2022，24（12）：8-14.

[8] 张学博，袁天蔚，张丽雯，朱成姝，熊燕，阮梅花. 2022 年脑科学与类脑智能发展态势 [J]. 生命科学，2023，35（1）：9-17.

第八章

8

高端装备制造

深空深地深海前沿

深海前沿装备

面对陆上和沿海资源日趋枯竭的局面，世界发展重心逐渐转向深海领域。广阔深海是一个巨大的资源宝库，向深海挺进，战略意义重大。但由于深海高压、黑暗、低温、高盐、剧毒等极端环境条件的限制，对深海资源的开发利用一直以来都存在着较大的限制。而随着现代化高新技术的进步和深海装备的飞速发展，大规模的深海资源开发利用成了可能。作为深海开发的基础支撑，深海装备的种类繁多。其中，深海载人潜水器、深海空间站和水下机器人最具代表性，其水平可以体现出一个国家材料、控制、海洋学等领域的综合科技实力。世界各主要国家纷纷在相关领域取得了一定的成就。

深海载人潜水器

作为国之重器，深海载人潜水器可以将科学研究人员、工程技术人员和各种机械电子装置快速、精确地运载到目标海底环境，是深海进入、探测、开发和保护的重要技术手段和装备，代表了海洋科技研发的制高点。早在 20 世纪 60 年代，世界主要国家就开始在该领域开展前沿性研究。发展至今，中国、美国、法国、俄罗斯、日本等国已具备深海载人潜水器的自主研发能力。

美国是世界上最早进行深海载人潜水器研究的国家之一，整体水平处在世界首位。美国海军于 1960 年首次将采购自瑞典的“的里雅斯特”号下潜至 10913 米深的马里亚纳海沟，自此拉开了向深海进军的序幕。“的里雅斯特”号之后，美国相继研发出 2000 米级“阿尔文”号、4600 米级“铝合金”号以及 6100 米级“的里雅斯特Ⅱ”号等多型深海载人潜水器。其中，“阿尔文”号真正开启了人类深海科学研究的活动，并成了迄今为止世界上下潜次数最多的深海载人潜水器。除美国外，其他主要国家从20世纪80年代开始也逐步加快在深海载人潜水器领域的探索，并在计算机、材料学、水声学等前沿技术进步的加持下取得了多项突破。日本“深海6500”能够搭载3人，水下作业时间8小时，曾下潜至6527米深的海底，下潜1000余次。法国“阿基米德”号是第一个到达大西洋最深处的潜水器，直达波多黎各海沟9560米处。俄罗斯“勇士”号首次潜入马里亚纳海沟，下潜深度达到10028米，其人工智能控制仪器可以自动避开障碍，在有限空间中寻找出路并找到其他智能解决方案。

我国的载人潜水器技术起步相对较晚，但发展迅速。1986年，我国第一台载人潜水器7103救生艇研制成功；2009年，我国第一台自主设计和集成研制的载人潜水器“蛟龙”号第一次海上试验；2012年，“蛟龙”号载人深潜器下潜至7062米，创世界同类作业型潜水器最大下潜深度纪录。2017年10月，我国第二台深海载人潜水器“深海勇士”号在南海海试成功，随后正式投入使用，国产自主率超过95%；2020年11月，我国首台万米级载人潜水器“奋斗者”号在马里亚纳海沟成功坐底，创下我国载人深潜10909米新纪录；2022年3月，“探索一号”科考船搭载着“奋斗者”号载人潜水器，圆满完成国际首次环大洋洲载人深潜科考任务。

随着自动化和人工智能的发展，探索深海也可以不用人类亲身下潜。我国在拥有“蛟龙”“深海勇士”“奋斗者”三台深海载人潜水器之外，还有“海斗”“潜龙”“海燕”“海翼”“海龙”号等系列无人潜水器，至此我国已初步建立起全海深潜水器谱系，并不断取得深海装备技术发展的新突破和新跨越。

深海空间站

深海空间站是国际深海装备技术发展的前沿。相较于深海载人潜水器，深海空间站的空间更大，水下工作时间更长，并能够携带多种类型的水下机器人、水下机械臂及水下起重起吊装置。因此深海空间站的研发难度更高，所涉及的产业领域也更广。除中美俄等极少数国家之外，还未有其他国家掌握此项技术。近年来，

以美俄为代表的海洋强国纷纷把深海空间站技术视为重要的战略高技术，积极探索人员进入深海、实施工程施工，以此寻求海洋科学、经济、军事竞争战略主动权。

继承冷战时期的技术优势，美俄两国的深海空间站技术处在世界前沿水平。美国建设深海空间站有58年的发展史，其已退役的NR–1型深海空间站执行过多种不同类型的任务，包括海洋研究、地质勘探、水下搜索、打捞回收、水下维护安装设备和绘制海底地图等。2008年美国宣布研制千吨级的NR–2型深海空间站。该空间站除执行军事任务外，还承担海洋工程安装、维护和维修等9类民用任务，自持力有望达到90天。俄罗斯最新型的深海核动力空间站[①]近年在北极地区进行了为期20天的考察活动，获取500公斤大陆架岩样，科考结果有力支撑了俄罗斯对罗蒙诺索夫和门捷列夫山脊等北极海底地区领土所有权的主张。进入21世纪，美俄两国开始采取专用型和通用型深海空间站类型装备并重发展的方式，其功能任务拓展到能源资源、国土权益、科研环保等方面，试图在深海领域保持战略高技术的先机和控制权。除美俄等国外，其他国家也在积极进行深海空间站方面的研究。挪威研发了北冰洋水下工作站，首次采用了常规动力，可潜深450米。日本在研制潜深500—2000米的移动式深海空间站，法国和英国的深海空间站项目则均处于概

① 20世纪70年代起，苏俄持续发展了3款7艘核动力深海空间站，分别是1910型核动力深海空间站、18511型核动力深海空间站、10831型核动力深海空间站，主要用于开展海洋研究、地质研究、考古研究、地质勘探等作业；打捞坠入海里的北约飞机或其他秘密设备；窃听敌方水下电缆，干扰北约海底的水下监听系统等任务。10831型核动力深海空间站代表了俄罗斯移动深海空间站新进展。

念设计阶段。

水下机器人

水下机器人，是一种工作于水下的极限作业机器人，主要分为自主水下机器人和遥控水下机器人，能够在极端海洋环境下工作，到达人类难以到达的海区，是人类探索海洋、认识海洋的先进技术手段之一。近年来，随着自主航行控制、导航定位通信、能源动力推进等高新技术的不断突破，水下机器人技术愈发成熟，有效推动了海洋环境观测、深海资源探测和开发、深渊和极地的科学考察等领域的进步。与此同时，水下机器人也开始在专业市场、潜水、娱乐等大众消费领域广泛应用，商业模式逐渐成熟。

美国在水下机器人研发方面具有绝对的优势，日法两国紧随其后。美国已开发了多种型号的水下机器人系统，工作能力涵盖安全搜救、科学研究、资源开发和水下工程等多个领域，其国际海洋工程公司（Oceaneering）是世界上最大的工作类水下机器人运营商和制造商，该公司开发的额定潜水深度 4000 米的 Millennium 工作系统和额定潜水深度 8000 米的超深水系统均处于世界领先水平。

日本十分重视发展水下机器人，已将其列入日本高级机器人发展计划。日本东芝公司研发的水下机器人在福岛核电站后续的清理工作中作用巨大，参与打捞了丢失的燃料棒。法国在水下机器人领域同样处于领先地位，将其视为重要战略发展领域。法国 ECA 集团在机器人、自动化系统、模拟和工业过程方面驰名国际，该集团开发的 H2000 型水下机器人，是法国海军 2000 米水深进行沉船和失事飞机调查、打捞指定用的水下机器人。

在深钻方面，我国取得了新成绩。一是自主设计与建造了首艘超深水科考船——大洋钻探船，它能够面向深海万米钻探，实现主船体贯通，这标志着我国在深海探测领域的重大装备研制方面实现关键突破。此外，我国首座深水科考专用码头——国家地质调查局广州海洋地质调查局科考码头也已正式启用，为深海探测和大洋科考合作提供有力支撑。

在深网方面，我国在 2005 年开始推进海底观测网建设。2009 年建设近岸的实验观测站。此后，在南海北部持续开展深水海流和沉积过程的观测。2017 年，国家海底科学观测网正式批复建立，规划分别在我国东海、南海建立相应的海底科学观测系统，实现从海底向海面进行全天候、实时和高分辨率的多界面立体综合观测。

深海开发是面向未来的事业。中国科学院院士汪品先曾表示："如果说 16 世纪的'地理大发现'是人类在横向上进入海洋，21 世纪将是人类在垂向上进入海洋。"随着海洋经济的发展和军事需求的增加，深海装备的整体技术日趋成熟，并且在市场需求的驱动下，其商业化程度也在不断提高，正朝着专业化、智能化和协同化方向发展。我国在深海装备领域起步相对较晚，仍处在战略机遇期。尽管我国在一些领域已经处于国际领先水平，但仍有很大提升空间。进一步提高对深海战略新空间开发的重视程度，密切关注世界深海开发高技术尤其是核心关键技术研究的前沿发展态势，并加强深海领域国际合作交流，依托重大科技项目和重大工程，带动提升国内深海装备的技术进步。

案例链接

大国海洋重器——“奋斗者”号

我国是全球船舶工业大国，而江苏是船舶工业大省，船舶与海工装备总装制造规模约占全国 40%。从江苏到全国，船舶与海工产业对科技创新的需求十分迫切。2020 年，江苏省政府与新组建的中国船舶集团签署战略合作协议，进一步明确联合共建深远海装备国家实验室。

从“蛟龙”“深海勇士”到“奋斗者”，这些持续抵达 4000 米乃至万米以下深海的全球领先载人潜水器，皆带有中国船舶集团七〇二所的“科技基因”。由中国船舶集团、江苏省、无锡市共同发起，依托七〇二所技术力量创建的深海技术科学太湖实验室，则孕育了大国海洋重器——“奋斗者”号。“奋斗者”号启动之初即被列入“十三五”国家“深海关键技术与装备”重大专项。太湖实验室虽成立于“十三五”末，却很大程度上加速了“奋斗者”号的突破之旅。

深空前沿装备

从屈原仰天叩问“日月安属？列星安陈？”到阿姆斯特朗在月表留下人类足迹并采回样品，探索未知世界、拓展生存疆域一直是人类文明发展和进步的原动力。

深空探测是指脱离地球引力场，进入太阳系空间和宇宙空间的探测。自 20 世纪 60 年代“阿波罗计划”实施以来，全球已开展 240 余次深空探测活动。深空探测任务带回的数据和样品深化了我们对太阳系的认知和理解，对科技进步和人类文明的发展有重要意义。深空探测更深、更远、更广阔是人类航天活动的重点方向。

人类开展深空探测的研究对象遵循由近及远的原则。月球是深空探测的起点和前哨站，继而火星是又一个探测热点，小天体探测逐渐进入探测视野。火星和金星之外的大行星及其卫星探测活动前景广阔。深空探测方式也逐渐丰富起来，包括硬着陆（撞击）、环绕、软着陆（+巡视）、无人采样返回、载人探测等。

当然，深空探测的深度与广度直接取决于一系列关键技术的突破和支撑。这些关键技术包括深空轨道设计与优化、自主技术、能源与推进、深空测控通信、新型结构与机构、新型科学载荷技术等。其中轨道设计与优化技术包括多体系统能量轨道设计与优化技术及不规则弱引力场轨道设计与优化技术等；自主技术包括自主任务规划技术、自主导航技术、自主控制技术、自主故障处理技术等；新型能源与推进技术包括核能源技术、电推进技术、太阳帆推进技术等。

从 21 世纪初开始，我国从无到有开展了对月球和火星的探测。嫦娥工程六战六捷，获取了 7 米分辨率全月影像图，实现国际上首次月球背面巡视探测，带回最年轻的月海玄武岩样品。我国首次火星探测任务的“天问一号”同时实现了轨道环绕探测和表面软着陆巡视探测。利用探月卫星对图塔蒂斯小行星进行了飞掠探测。在比月球更遥远的深空探测领域，我国目前还是一片空白。我国探测器数量仍然落后于欧美及日本。

空间望远镜

太空望远镜一直是天文学家的梦想。人类为了摆脱厚厚的大气层对天文观测的影响，一方面设法选择海拔高、观测条件好的地方建立天文台，另一方面设法把天文望远镜搬上天空。由于摆脱了地球大气层的影响，空间望远镜已实现电磁波全谱段观测浩瀚宇宙，这带来人类关于致密天体、暗物质暗能量和系外行星等重大科学问题或新前沿方向的新突破。

哈勃空间望远镜发现迄今距离地球最远的单个恒星“晨星”。2022 年 3 月，它刷新了自己 2018 年创造的纪录，探测到一颗距地球 129 亿光年的恒星埃兰迪尔（Earendel），成为目前发现的距离地球最远的单个恒星。

2022 年 7 月 12 日，美国航空航天局（NASA）发布了詹姆斯·韦布空间望

远镜（JWST）拍摄的首批5张宇宙深空照片，分别是46亿年前出现的星系团SMACS 0723、距地球1150光年的系外行星WASP—96b大气成分光谱、距地球2000光年的垂死恒星喷出物形成的南天环状星云、“斯蒂芬五重奏”星系群、船底座大星云中的恒星苗圃和诞生中的恒星。这是迄今最高分辨率的早期宇宙图像，开启了天文学的新时代。

太空探测器

太空探测器空间探测的范围集中在地球环境、空间环境、天体物理、材料科学和生命科学等方面。自1957年10月4日第一颗人造卫星发射上天，到2000年全世界已发射了100多个空间探测器。它们对宇宙空间的探测取得了丰硕成果，所获得的知识超过了人类数千年所获知识总和的千百万倍。依探测范围可分为月球探测器、行星探测器、行星际探测器；依能源可分为燃料电池探测器、太阳能探测器、核能探测器。

“天问一号”在火星上首次留下中国印迹，首次实现通过一次任务完成火星环绕、着陆和巡视三大目标，实现了我国在深空探测领域的技术跨越而进入世界先进行列。“天问一号”于2020年7月23日在文昌航天发射场由“长征五号”遥四运载火箭发射升空，成功进入预定轨道，2021年2月10日“天问一号”与火星交会，成功实施捕获制动进入环绕火星轨道。对预选着陆区进行了3个月的详查后，于2021年5月15日成功在火星表面实现软着陆。2021年5月22日，“祝融号”火星车成功驶上火星表面，开始巡视探测。2021年11月8日，“天问一号”环绕器成功实施第五次近火制动，准确进入遥感使命轨道，开展火星全球遥感探测。

深地前沿装备

人们常说“比登天还难”，其实“入地”比“登天”难得多。今天探测器可以遨游太阳系外层空间，但对人类脚下的地球内部却鞭长莫及。地球内部既是重要的战略空间，又是丰富的资源宝库，还是重大地质灾害的策源地，对于“深地”的探索，必须予以重视。

地下不同深度矿藏是不同的，想对地球内部结构和物质成分进行探测，最直接有效的方法就是打井，也就是向地球内部打一口科学钻探井，让人类看到地球内部数千米甚至上万米。

自工业时代起，世界大国纷纷开展各项深地探测计划，继太空军备竞赛后，深地探测俨然已成了当下前瞻性战略目标点。地下空间、深部矿产、油气资源、地热资源、地震监测等，无一不是与国家、军事、民生紧密相关，直至今日，地心争夺战已进入白热化的阶段。美苏最早吹响了这场竞赛的哨声，冷战时期，美苏两国展开了关于深地探测的军备竞赛，谁先钻井达到莫霍洛维奇不连续面，就能拔得这场竞赛的头筹。

1961 年，美国开始实施“莫霍面计划”，次年，苏联提出“莫霍钻探计划”。但好景不长，由于钻探计划的实际花费和需要解决的技术难题远超想象，美国于 1966 年停止了该计划，苏联位于科拉半岛的钻探在 1994 年停钻。其中，苏联的 SG-3 钻孔创下了 12262 米的纪录，虽然相比于地壳厚度显得微不足道，但是这已经是 20 世纪人类力所能及的最大钻井深度。直到 2011 年俄罗斯库页岛的 Odoptu OP-11 油井打破纪录，完钻深度 12345 米，比科拉钻井深 83 米，成为新一任世界最深钻井。

2016 年 5 月全国科技创新大会上，习近平总书记指出：“向地球深部进军是我们必须解决的战略科技问题。”结合国家发展需要，我国在 2017 年提出了“深地计划”。该计划由中国地震局牵头，联合多个科研单位共同攻关，以“透视地球、深掘资源、扩展空间”为三大目标，结合多学科交叉融合，立志服务于国家，造福于民生。

深地原位实验室（> 2000 米）

在工程领域中，原位实验往往最能代表工区真实的地质环境与特征。

虽然在实验室通过高温高压反应釜可以一定程度上模拟深度环境，但由于尺寸效应的存在，实验室尺度的岩石样品并不能代表真实的地层物性。若能获得深地原位实验数据，对我国深地空间的开发利用，有着举足轻重的意义。另外，深地的特征也在一定程度上可以屏蔽地面射线的干扰，可以在此进行一系列高精尖的粒子、天体物理课题研究，建设我国自主的深地原位实验室势在必行。

2010 年，我国锦屏地下实验室在四川雅砻江正式揭牌使用。该实验室上覆岩层厚度约 2400 米，是目前世界上覆盖最深的实验室，也是世界一流的低辐射研究平台。

地下如此深的地方几乎没有什么微粒可以进入，不像在地面上它们无孔不入。摆脱了粒子如电子、μ 子、π 介子等，才可以探寻物理学的未解之谜，寻找罕见的物质，比如可以轻易穿透山脉的粒子。还可以解释太空中遍布的暗物质的成分是什么，或者为什么宇宙中存在的物质远远多于居于平等地位的反物质。

清华大学和上海交通大学先后进驻，开展“暗物质”的科研攻关，现阶段已经在此平台上取得喜人成果，将暗物质直接探测灵敏度提高到国际前沿水平。

超深井钻探技术（> 8000 米）

超深钻技术一直是制约深地探测的关键所在，随着埋深增加，高温、高地应力给套管和钻机带来了巨大的挑战。科拉半岛钻井（12226 米）的最后 226 米用了整整 10 年才掘进完成，构造错动会使套管挤压变形，甚至发生错断，有可能使钻进工作前功尽弃。

超深钻技术又是油气、矿产资源探测的前提。掌握该技术就是掌握资源发展的关键一步。我国虽起步较晚，但目前已赶上深钻的第一梯队。如 2019 年 2 月，顺北油气田顺北鹰 1 井，完钻井深 8588 米。该钻井施工过程中，受塔里木盆地断裂运动影响，再加之高温高压的地层特征和极大的摩阻扭矩，故井眼轨迹极难控制，研究人员打趣说道：“在 8000 米深度下，钻具软得像面条。”但最终还是突破各个技术难题，成功完钻，创亚洲陆上钻井最深纪录！

2014 年 4 月 13 日，我国自主研发的万米钻机“地壳一号”在位于松辽盆地的松科二井现场实施开钻作业。2018 年 6 月 2 日，“地壳一号”以完钻井深 7018 米的成绩创下了亚洲国家大陆科学钻井的新纪录，这标志着我国成为继俄罗斯和德国之后，世界上第三个拥有实施万米大陆钻探计划专用装备和相关技术的国家。

2023 年 5 月 1 日，位于塔里木盆地的中国石化“深地一号”跃进 3–3 井正式开钻施工，向设计深度 9472 米挺进。这一深度将刷新亚洲最深井纪录，为我国今后进军万米深地提供核心技术和装备储备。

中国科学院院士郝芳表示，近年来全国包括全球新增油气的储量主要来源于深层。深地探测的重大突破也将带动相关产业，包括高端制造、先进材料和核心软件的发展。是落实习近平总书记向深地进军、把能源的饭碗牢牢地端在自己手上的战略行动。

三深发展态势

党的二十大报告提出“一些关键核心技术实现突破，战略性新兴产业发展壮大，载人航天、探月探火、深海深地探测、超级计算机、卫星导航、量子信息、核电技术、新能源技术、大飞机制造、生物医药等取得重大成果，进入创新型国家行列”。新时期，我国科技实力正在从量的积累迈向质的飞跃、从点的突破迈向系统能力提升，在深海、深空、深地、深蓝等领域积极抢占科技制高点。

深空探测技术方面，重点关注的议题方向包括深空轨道设计与优化，太空运输，深空测控通信，水平起降组合动力运载器一体化设计，无人车的高精度智能导航，极大口径星载天线在轨展开、组装及建造，地月空间开发等。

深地探测与地球监测方面，重点关注的议题方向包括数字地球建设地球大数据系统，地球物质的演化与循环，大地震机制及其物理预测方法，地球深部探测方法等。

深海探测方面，重点关注的议题方向包括深远海航行装备制造与安全保障技术、深海探索技术、海底观测网络、深海原位探测装置等。

自然资源是高质量发展的物质基础、空间载体和能量来源。自然资源系统认真贯彻落实以习近平同志为核心的党中央关于加快建设科技强国等一系列重要决策部署，积极实施以地球系统科学核心理论为支撑，以深地探测、深海极地探测、深空对地观测为引领，以自然资源调查监测、国土空间优化管控、生态保护修复技术体系为主体的自然资源科技创新战略，自然资源科技“上天入地”“登峰下海”，为增强高质量发展提供科技支撑。

面向重大需求，加强科技攻关，夯实高质量发展根基。习近平总书记强调，实现高质量发展，必须实现依靠创新驱动的内涵型增长，大力提升自主创新能力，尽快突破关键核心技术。自然资源部瞄准深地、深海、空天和极地等前沿技术领域，架起科技创新发展规划的“四梁八柱”，初步构建起自然资源科技创新体系。地球深部探测、资源勘查开发理论方法取得重要突破，亚洲最深大陆科学钻井松科二井成功“入地”7018 米；深部资源能源探测核心装备打破国外技术垄断，实现陆地 4000 米深度范围内的精细结构探测；天然气水合物（可燃冰）两轮成功试采，实现了从勘查、开发理论到技术、工程、装备的全过程自主创新；自主建造我国首艘极地科学考察船“雪龙 2”号，极地科考进入“双龙探极”新时代；“蛟龙号”“潜龙二号”实现业务化勘查作业，“奋斗者”号下潜突破万米海深，国产深海开发立体探测技术体系初步形成；全自主的核心关键技术和装备全面担纲第三次珠峰高程测量，高水平科技自立自强再攀新高峰。

案例链接

南京低空经济发展现状与战略举措

南京是国内最早一批涉足低空经济的城市。经过多年发展，南京市逐渐形成上下游紧密链接的产业生态系统，并实现了“低空＋物流”“低空＋餐饮”“低空＋巡航”等多元化应用场景。

截至 2023 年底，南京低空经济关联产业营收近 30 亿元。根据《城市低空经济“链接力”指数报告（2024）》，南京位列全国第六。南京低空经济企业 117 家，上市企业 5 家，专精特新“小巨人”企业 7 家。截至目前，获批空域 42 个片区，总面积 1685.69 平方公里，实现全市所有辖区获批空域全覆盖、获批空域面积和航线里程全省领先。

低空经济战略布局有力。先后出台、发布《南京临空经济示范区总体发展规划》《南京市促进低空经济高质量发展实施方案（2024—2026 年）》《南京市低空飞行服务保障体系建设行动计划（2024—2026 年）》等政策方案，成立南京市低空飞行服务中心并正式运营，并根据《南京市低空飞行服务保障办法（试行）》，提出了 37 条服务保障措施，涵盖体系建设、飞行主体管理、飞行活动服务保障、安全监管等多个方面，为南京低空经

济发展提供坚实的制度保障。

二是低空经济产业链初具规模。南京市依托本地高校和科研机构资源，围绕低空经济产业链布局创新链，培育了中电14所、中电莱斯、晨光集团、南京机电液压等一批高科技企业。南京已集聚低空经济相关企业百余家，涉及低空制造、低空保障、低空飞行及综合服务等重点产业方向，形成了良好的产业生态。

三是低空经济服务保障体系初步形成。南京市低空经济科研平台建设初具成效。拥有工信部中小无人机重点实验室、南航“机械结构强度与振动”国家重点实验室、“直升机传动技术”国家重点实验室、国家空管飞行流量管理技术重点实验室、飞行器结构力学与控制教育重点实验室等国家重点技术实验室和智能弹药技术国防重点学科实验室（南京理工大学）、精密驱动技术国防重点学科实验室（南京航空航天大学）、直升机旋翼动力学等国防重点实验室等创新平台。建成93个省级以上重点实验室、172个工程技术研究中心等创新平台，还有技术创新中心。拥有航空航天两院院士12名。南京市汇聚了中国电子科技集团公司第十四研究所、中国电子科技集团公司第二十八所、中国融通集团第六十研究所等。这些平台和科研院所为低空经济的科技创新提供了有力支撑。

极端制造

极端制造概念

极端制造意指当代科学技术难以逾越的制造前端，其内涵随人类科技的发展不断被突破与变革。现阶段，极端制造是指在极端条件下，制造极端尺寸或者极高功能的器件和功能系统，可作业于极端严酷的服役环境。它是科学发现在时代前沿的技术转化，引导当代先进制造主流技术的发展，也渗透到基础产业、电子信息、空天运载、军工产品等制造领域的核心技术。

高端装备制造语境下的“极端制造”是将当代最先进的技术集成到装备设计制造之中，使制造的装备具有极为强大、高效、精密、多元化的功能。极端制造集中表现在微制造、巨系统制造和强场制造。如制造微纳电子器件、微纳光电系统、分子器件、量子器件等极小尺寸和极高精度产品；制造空天飞行器、超大功率能源动力装备、超大型冶金石油化工装备等极大尺寸、系统极为复杂和功能极强的重大设备。极端制造置物质于各类极端强化的能场与运动环境，实现几何与

物性的多尺度演变，并按精确的物理规律集成为极强功能的、可工作于各类极端条件的使能系统。可以认为现代制造科学的重要前沿是在物质结构与运动的多层次、多尺度发现制造原理与创造极端制造过程，探索全新概念的产品及其制造系统，这将成为制造业发展的科学先导，也是我国建立具有国际核心竞争力的工业体系和国防体系的基础。

极端制造发展史

20 世纪 80 年代，随着微电子和计算机、信息等技术的快速发展，制造技术逐步走向数字化、网络化和智能化，极端制造进入萌芽期。

20 世纪 90 年代，微纳制造、超精密制造、巨系统制造等领域得到快速发展，制造技术不断向极限挑战，极端制造开启迅速成长期。

现阶段，极端制造正从微纳制造、超精密制造、巨系统制造等单项技术向多技术融合方向发展，并逐步走向极限尺度，极端制造趋向成熟期。

20 世纪以来，机械工程、微电子、信息等学科逐步取得重大发现，正在迅速创造出全新概念的当代极端制造，同时产生种种制造新过程和功能全新的产品，如量子力学与激光器引发的微纳制造和信息产品。特别是 20 世纪下半叶以来，极端制造快速发展，并向多领域渗透，所形成的强大生产力已成为国家发展和国力竞争的重要基础。

极端制造是一国制造业综合实力的集中体现。极端制造技术在现代化工业体系中越来越重要，已成为许多高新技术领域的基础。极端制造表面上看，是产品尺度及环境的变化，实质上则集中众多高新科技，具有极强带动效应。如飞机发动机以高温、高压、高转速、高负荷这“四高”为技术难点，是考量一个国家材料工业和制造工艺尖端加工能力的关键产品。各国“航母竞争”的背后是高端装备制造业、尖端材料学乃至燃料工业等综合实力的竞争。世界主要制造强国均具有较强的极端制造能力，这是国际竞争的“杀手锏”。

极端制造发展态势

“失去制造，失去未来”已成为全球共识。21世纪全球竞争中发达国家将制造列为战略发展优先领域，抢占制造技术的制高点更是主要大国的战略必争之地。极端制造的科学技术基础几乎涵盖或者说源自所有的基础学科前沿，如新一代智能制造融入的生物学与仿生学、排除复杂巨系统灾难性变异的突变论研究，为实现高精度成形成性制造而展开的高密度强能束与物质交互的研究等。发展最为活跃的微纳制造基础是21世纪极端制造的制高点。

极端制造是前沿科技和前沿科技产品发展的一个焦点，是制造业未来的重要发展方向。20世纪90年代以来，世界主要国家把制造技术的研究和开发列为国家优先发展的关键领域，而极端制造代表着一国的制造最高、最新水平，因此世界大国对极端制造技术发展尤为重视。

现代基础经济、军工产业、空天运载、信息产业或多或少渗透着极端制造，它们都需要高能量密度的材料成型制造、超大或超细的高精度零件制造、超精密器件的微纳制造、仿生智能系统的集成制造等。我国发展的空天运载工程、GW（吉

瓦特）以上的超级动力装备、数百万吨级的石化装备、数万吨级的模锻装备、新一代高效节能冶金流程装备等，它们最核心的制造技术都是当代的极端制造。

美国 1991 年《国家关键技术》报告中向政府提出：在制造设备方面领先的国家有可能主宰半导体器件的世界市场，建议将“微米级和纳米级制造”列为国家关键技术。据统计，发达国家国民生产总值增长部分的 65% 与微纳制造有关，依赖微纳制造的电子工业增长速率一般为 GDP 增长速率的 3 倍。

新时期，我国在极端制造领域取得了一系列令人瞩目的成就。高铁制造方面，我国不仅实现了高速铁路网络的全面建设，而且自主研发了高速列车技术，如时速 350 公里的 CR400AF 型高速动车组。高铁的研发和制造涉及多个领域，包括轨道技术、车辆设计、自动化控制等，这些领域都需要极端制造技术的支持。在无人机制造方面，我国“翼龙”系列和“彩虹”系列无人机在全球范围内占有较高的市场份额。无人机的制造需要高精度的制造技术和材料技术，以确保无人机的飞行稳定性和操控性能。我国大力支持新能源汽车的发展，鼓励企业进行技术创新和产品研发，在电池技术、电力总成和智能控制等方面也取得了突破，成为全球新能源汽车市场的领导者之一。极端制造技术在新能源汽车的制造和装配过程中起到了关键作用，确保了电池组件的高精度和电力传输的稳定性。

中国制造的突出问题是缺乏自主的前沿核心技术。缺乏极端制造能力，意味着缺乏国际竞争中的“杀手锏”。如以国防军工、能源等重大装备为代表的极高性能产品的强场高精度制造能力，我国与发达国家差距约 20—30 年。虽然我国微电子产业已具备一定规模，但是在微制造方面自主核心技术还有待填补，依靠引进技术与装备形成的制造能力也总体上比国际先进水平落后一两代。幸运的是，现代极端制造的前沿正被迅速突破和发展，世界各国对纳电子的基础研究都尚起步，强场制造也处于融多学科新成果、多模式发展的新兴阶段。把握这一重大历史时机，将极端制造列入国家发展战略的重点，通过自主创新抢占制造技术的前沿，是我们努力的方向。

碳中和与碳达峰

碳中和与碳达峰概念

碳达峰是指二氧化碳排放量达到历史最高值，然后经历平台期进入持续下降的过程，是二氧化碳排放量由增转降的历史拐点，标志着碳排放与经济发展实现脱钩，碳达峰目标包括达峰年份和峰值。

碳中和是指某个地区在一定时间内（一般指一年）人为活动直接和间接排放的二氧化碳与其通过植树造林等吸收的二氧化碳相互抵消，实现二氧化碳“净零排放”。

碳达峰是碳中和的基础和前提，二者相辅相成。碳排放峰值越低，实现碳中和的空间和灵活性越大，难度越小。我国已宣布二氧化碳排放力争于 2030 年前达到峰值，努力争取 2060 年前实现碳中和，这意味着世界上最大的发展中国家，将完成全球最高碳排放强度降幅，用全球历史上最短的时间实现从碳达峰到碳中和。

碳中和与碳达峰发展史

2020 年 9 月 22 日，第七十五届联合国大会一般性辩论上，习近平主席郑重宣布：“中国将提高国家自主贡献力度，采取更加有力的政策和措施，二氧化碳排放力争于 2030 年前达到峰值，努力争取 2060 年前实现碳中和。”这无疑是一场硬仗，需要付出极其艰巨的努力。

2020 年 12 月 12 日，习近平主席在气候雄心峰会上进一步宣布：“到 2030 年，中国单位国内生产总值二氧化碳排放将比 2005 年下降 65% 以上，非化石能源占一次能源消费比重将达到 25% 左右，森林蓄积量将比 2005 年增加 60 亿立

方米，风电、太阳能发电总装机容量将达到12亿千瓦以上。”

“十四五”规划要求落实2030年应对气候变化国家自主贡献目标，制定2030年前碳排放达峰行动方案。“十四五”是碳达峰的关键期、窗口期，新发展阶段要实施重点行业领域减污降碳行动，工业领域要推进绿色制造，建筑领域要提升节能标准，交通领域要加快形成绿色低碳运输方式。倡导绿色低碳生活，反对奢侈浪费，鼓励绿色出行，营造绿色低碳生活新时尚。

2021年5月26日，碳达峰碳中和工作领导小组第一次全体会议在北京召开。同年，中共中央、国务院发布了《关于完整准确全面贯彻新发展理念做好碳达峰碳中和工作的意见》。作为碳达峰碳中和“1+N”政策体系中的“1”，该文件是纲领性政策，为碳达峰碳中和进行了系统谋划和总体部署。2021年10月，《2030年前碳达峰行动方案》出台。至此，两大文件共同构筑起中国碳达峰、碳中和“1+N”政策体系的顶层设计，重点领域和行业的配套政策也围绕上述政策出台。

2022年8月，科技部、国家发展改革委、工业和信息化部等9部门联合制定《科技支撑碳达峰碳中和实施方案（2022—2030年）》。该项政策统筹提出支撑2030年前实现碳达峰目标的科技创新行动和保障举措，并为2060年前实现碳中和目标做好技术研发储备。

习近平总书记在党的二十大报告中强调：“立足我国能源资源禀赋，坚持先立后破，有计划分步骤实施碳达峰行动。完善能源消耗总量和强度调控，重点控制化石能源消费，逐步转向碳排放总量和强度‘双控’制度。”

习近平总书记在2023年7月举行的全国生态环境保护大会上提出：“我们承诺的‘双碳’目标是确定不移的，但达到这一目标的路径和方式、节奏和力度则应该而且必须由我们自己作主。”截至2023年上半年，全国可再生能源装机突破13亿千瓦，历史性超过煤电；新能源汽车保有量超1620万辆，产销量已连续8年稳居世界第一。

碳中和与碳达峰发展态势

我国积极落实碳达峰碳中和政策与行动，坚持“稳”字当头，遵循经济社会客观发展规律，量力而行，分批次开展碳达峰行动。自“双碳”目标提出以来，“双碳”工作全面扎实推进，目标明确、分工合理、措施有力、衔接有序的碳达峰碳中和“1+N”政策体系已构建完成，各部门各行业积极行动，全社会“双碳”意识不断增强，形成政府、企业、社会合力落实“双碳”目标的良好氛围。

“双碳”目标提出以来，我国在经济发展中降碳，在降碳中实现更高质量发展，绿色发展转型成效显著。全国可再生能源装机历史性超过煤电，新能源汽车保有量占全球一半以上，森林资源增长全球最多最快。

相对于发达国家碳排放“自然达峰”，我国是高质量发展背景下的碳约束主动达峰，政策驱动特征更加突出。相较于西方发达国家的工业文明发展范式，我国的生态文明建设在发展理念、制度规则、生产方式方面都具有自己的特色。在生态文明整体布局下，我国的碳达峰碳中和行动以更绿色、更可持续、更具包容性的经济增长模式，引领经济社会全面绿色转型。

“双碳”行动是一项复杂的系统性工程，需要系统谋划、全局协同。坚持把系统观念纳入“双碳”工作全过程，充分考量碳减排政策的公平与效率、碳中和国内政策的国际协同，既加强制度的刚性约束，也注重激发行动的内生动力，是我国“双碳”行动行稳致远的重要条件。

“双碳”政策设计需符合中国国情，设计积极稳妥的自主减排行动方案。我们不能走西方发达国家“先污染，后治理”或者“以邻为壑”转移排放的老路，而要积极探索“双碳”与增长平衡协调的绿色包容性增长机制，出台稳经济政策措施，将绿色投资和绿色消费作为稳经济的重要抓手，把稳增长稳就业与绿色转型有机协同作为保障民生的有效路径，在稳经济目标下积极推动绿色低碳转型。

以产业链延链补链强链为目标，不断培育和强化零碳产业国际竞争新优势。面对逆全球化等国际风险，我国要保持光伏、风电、新能源汽车等零碳产业竞争的比较优势，需积极应对新能源产业链供应链单边主义、创新资源搁浅等方面的风险与挑战，不断提高“双碳”前沿科技自主创新能力，不断培育和强化更多新能源外贸“新三样”（电动载人汽车、锂电池、太阳能电池）和零碳产业国际竞争新优势。

完善减污降碳环境权益交易市场机制，推动能耗“双控”逐步转向碳排放“双控”。碳排放“双控”可有效避免能源总量控制的局限性，给予地方政府更多的绿色发展空间。随着推进全国统一生态环境大市场建设，新增可再生能源消费以及原料用能不能纳入能源消费总量控制，完善排污权、碳排放权、用能权、用水权、绿证和国家核证自愿减排量等减污降碳环境权益交易市场化机制，让市场有效配置资源的作用充分发挥，将是未来“双碳”工作的重点。

案例链接

开展核心技术攻关　保障国家能源安全

作为国家电网公司下属的能源互联网领域高科技企业，南瑞集团有限公司践行科技自立自强，推进产业转型升级，围绕畅通“科研立项—技术开发—成果复用—市场推广”全链条展开周密布局、长期探索，取得并推广应用了一大批科研成果。在具体实践中，持续推动创新链与产业链深度融合，深化建设科技创新体系，构建现代化产业体系，加强人才队伍建设，为加快打造具有全球影响力的电力科技创新策源地积累了雄厚科技资源、积蓄了强大科研力量。

在服务“双碳”目标、建设新型电力系统的背景下，南瑞集团多点开花：“高维不确定性电力系统安全防御体系新架构与新理论”“新型电力系统继电保护体系架构与关键技术研究”“光伏微电网核心设备与控制系统研制及示范应用”……南瑞研究院攻关团队承担的科技项目，都是国内最热点的能源课题、国际最前沿的电力科技项目。

重大科研突破的背后，是不断健全的科研创新体系。南瑞集团成立南瑞研究院，定位基础前瞻技术研究、战略性新兴产业培育、共性技术及平台开发、高端装备及重大项目研发；组建技术战略研究中心及区域研发中心，与多家知名高校组建创新联合体，完善全链条科技管理流程，构建了以市场为导向、产学研深度融合的技术创新体系，人才链、创新链、技术链、价值链逐步打通，创新体系整体效能显著提升。

近年来，牵头承担国家级科技项目十余个，获科技奖励1000多项；获发明专利授权近4000项；主导制订国际标准，发布国家标准、行业标准多个……为国家能源安全体系的构建作出巨大贡献。南瑞集团始终站在电力自动化与电网数字化的技术前沿，取得了耀眼的科技创新成果。

参考文献

[1] Zhang Q，Xu W，Wang X. Carbon nanocomposites with high photothermal conversion efficiency[J]. Science China Materials，2018，61（7）: 905–914.

[2] Shahin M. State–of–the–art review of some artificial intelligence applications in pile foundations[J]. Geoscience Frontiers，2016，7（1）: 33–44.

[3] 曹俊，胡震，刘涛，苏晓云，马利斌，侯德永 . 深海潜水器装备体系现状及发展分析 [J]. 中国造船，2020，61（1）:204–218.

[4] 郭凡礼 . 抢占极端制造产业制高点 [J]. 中国工业评论，2015（8）：38–44.

[5] 胡鞍钢 . 中国实现 2030 年前碳达峰目标及主要途径 [J]. 北京工业大学学报（社会科学版），2021，21（3）：1–15.

[6] 李三忠，张国伟，刘保华，郝天珧，戴黎明，刘鑫，刘丽萍 . 新世纪构造地质学的纵深发展：深海、深部、深空、深时四领域成就及关键技术 [J]. 地学前缘，2010，17（3）：27–43.

[7] 李硕，吴园涛，李琛，赵宏宇，李一平 . 水下机器人应用及展望 [J]. 中国科学院院刊，2022，37（7）：910–920.

[8] 王赤，时蓬，白青江，王琴，范全林 .2022 年空间科学与深空探测热点回眸 [J]. 科技导报，2023，41（1）：79–102.

[9] 王文伯，陈彦钧，朱兰鑫，黄慧敏，操玉文，曹新宇，周子奇，周桐，何妍，时方朔，李正斌 . 面向深地探测的光纤重力梯度仪测量原理与研制进展 [J]. 地球物理学报，2024，67（2）：809–819.

[10] 吴伟仁，于登云 . 深空探测发展与未来关键技术 [J]. 深空探测学报，2014，1（1）：5–17.

[11] 钟掘 . 极端制造——制造创新的前沿与基础 [J]. 中国科学基金，2004（6）：12–14.

第九章

9

新能源与新材料

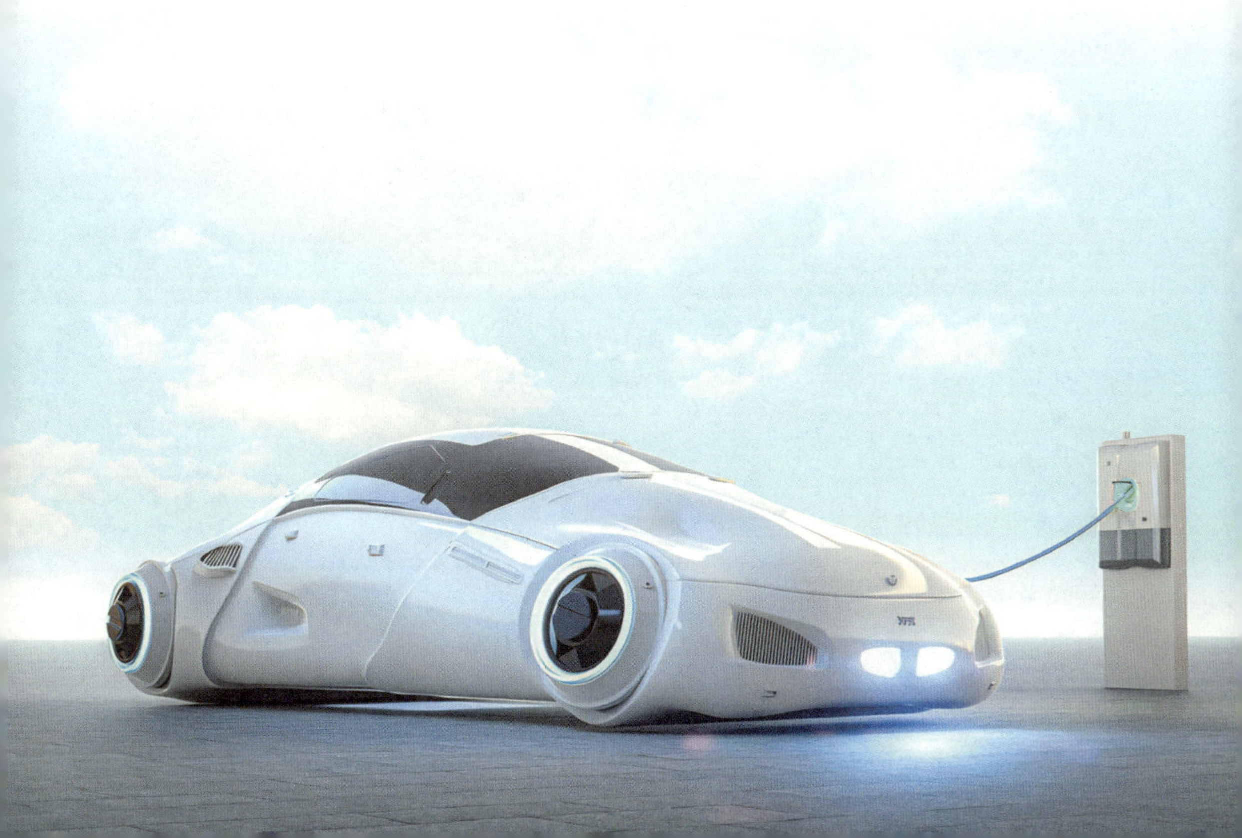

新能源

新能源概念

我国国家能源局在2009年编制《新能源产业振兴发展规划》时，把新能源主要界定为“以新技术为基础，已经开发但还没有规模化应用的能源，或正在研究试验，尚需进一步开发的能源”，主要包括风能、太阳能、生物质能源等。与传统能源相比，新能源安全、绿色、清洁，能够从根本上减少二氧化碳和其他温室气体排放量。清洁且可持续发展的新能源将巩固中国的能源安全基础，使其变得更加牢固，并降低中国能源的对外依存度，为传统的能源产业注入新的动力。

新能源发展历程

工业革命发展以来，人类发展的进程狂飙猛进，同时也逐渐面临着能源枯竭的窘境。早在1839年，法国物理学家贝克勒尔就发现光伏效应。1954年，贝尔实验室研制出了首个6%效率的硅基太阳能电池，人类对太阳能的使用有了质的突破。1887年，英国学者詹姆斯·布莱斯建造了首台风力发电机，开启利用风能的新篇章。1942年，费米团队实现首次可控核裂变。1954年，苏联在奥布宁斯克建起了世界第一座核电站，核能才开始从军事用途转向和平利用。此时，新能源的理论奠基与原型突破已完成，但新能源成本过高，无法商业化，依然是化石燃料主导了全球能源消费。

然而，随着经济危机的爆发，能源也面临第一次危机。1973年石油危机导致油价暴涨400%，欧美启动新能源研发计划。需求的大涨又推动了技术突破。

1981年联合国在肯尼亚首都内罗毕召开联合国新能源和可再生能源会议，通过了促进新能源和可再生能源发展与利用的《促进新能源和可再生能源的发展与利用的内罗毕行动纲领》。此次会议提出新能源和可再生能源的发展方向为“以新技术和新材料为基础，使传统的可再生能源得到现代化的开发与利用，用取之不尽、周而复始的可再生能源来不断取代资源有限、对环境有污染的化石能源”。

步入21世纪以来，面对能源短缺、能源价格大幅攀升、全球气候变暖等日益严峻的形势，世界各国对新能源的需求就更为迫切。与此同时，2008年爆发的国际金融危机对全球经济的影响并未完全消退。在此背景下，新能源产业成为各国经济增长的新突破口，以求带动全球经济发展的新一轮复苏。新能源产业的规模不断扩张，成本螺旋式下降。

与发达国家相比，中国是能源消费的后来者，需求量却不断增长，并且这一格局在短期内无法逆转，能源缺口逐渐扩大。中国新能源的布局开始很早。1996年，《中华人民共和国国民经济和社会发展“九五”计划和2010年远景目标纲要》提出“能源建设以电力为中心，以煤炭为基础，加强石油天然气的资源勘探和开发，积极发展新能源”“积极发展风能、海洋能、地热能等新能源发电”“重点开发电子信息、生物、新材料、新能源、航空、航天、海洋等方面的高技术”等内容。之后的30年，《中华人民共和国节约能源法》《关于进一步促进风力发电发展的若干意见》《2000—2015年新能源和可再生能源产业发展规划》《中华人民共和国清洁生产促进法》《中华人民共和国可再生能源法》《国务院关于加快发展循环经济的若干意见》《关于发展生物能源和生物化工财税扶持政策的实施意见》《可再生能源中长期发展规划》《中华人民共和国节约能源法（修正案）》《中华人民共和国循环经济促进法》等文件相继出台。关于太阳能、风电浅层地热能、生物质能等新能源和可再生能源的专门法规政令也不断出台。

2021 年的《中华人民共和国国民经济和社会发展第十四个五年规划和 2035 年远景目标纲要》提出：“推进能源革命，建设清洁低碳、安全高效的能源体系，提高能源供给保障能力。”中国的能源体系不断优化。中国从最初的以石油和天然气为主，扩展到风能、太阳能、生物质燃料、水电能源、核能等新能源。风能、太阳能等可再生能源的开发利用水平不断提升。现今，中国的光伏组件在全球市场份额领先。生物质燃料生产具有较强的地域性，且受以甘蔗为代表的农作物成熟周期的影响，因此局限性较大。水电能源的发展以三峡大坝为代表，发电效益可观，实现了“西电东送”，有助于缓解中国能源瓶颈，构筑能源动脉，优化能源资源配置。在核聚变领域，中国不断取得新进展。中国科学院合肥物质科学研究院研制的强流直线等离子体装置“赤霄”，使我国成为继荷兰之后国际上第二个拥有此类装置的国家。可控核聚变能够实现安全、持续、平稳的能量输出，使得核聚变能成为最理想的能源形式之一，具有燃料丰富、清洁、安全性高、能量密度大等优点。除此之外，动力电池作为一种新的储能技术，对新能源的开发利用具有深远影响。我国的动力电池产能占全球市场的三分之二以上，宁德时代麒麟电池能量密度已达 255Wh/kg。

新能源发展态势

中国新能源发展已进入规模化、高比例、高质量跃升新阶段。装机规模全球领跑，可再生能源发电装机占全国发电装机总量过半，超过煤电装机规模。新型储能装机规模呈跨越式增长，液流电池、压缩空气储能技术进入商业化应用阶段。氢能制储运加用体系初步建成，绿氢成本下降。光伏技术不断迭代，在晶硅电池量产效率、钙钛矿叠层电池实验室效率等数据提升的同时，成本不断降低。

我国还建成东北—山东等跨省区特高压通道，解决“三北”地区“弃风弃光”

问题，保证可再生能源利用率。数字化转型深化成果突出，智能电网、虚拟电厂等技术应用支撑了新能源占比超 50% 的电力系统稳定运行。

政策体系持续完善。实施《新能源汽车产业发展规划（2021—2035）》，推进绿证交易与碳市场衔接，电解铝行业明确绿电消费目标。构建全国统一电力市场，推动煤电与新能源优化组合，健全储能价格机制。中国主导制定光伏国际标准，风电设备出口覆盖大部分国家和地区，“新三样”（光伏、锂电、新能源车）出口额不断突破。

我国新能源汽车全球领先。新能源汽车是新能源普及应用推动现代化生活发展最好的范例之一。新能源汽车采用非常规的车用燃料作为动力来源，或使用常规的车用燃料但采用新型车载动力装置，由于综合了车辆的动力控制和驱动方面的先进技术，因而在性能、节能、驾乘体验等多方面都具有显著优势。中国已经涌现了一大批新能源汽车品牌，如比亚迪、蔚来、小米等。2024 年，我国新能源汽车量占全球 70%。新能源汽车以其使用成本低、清洁环保等多个优点，驶入千家万户。

当前，中国新能源产业已形成“政策引导—市场驱动—技术引领”的良性循环，持续引领全球能源转型进程。

新材料

新材料概念

新材料是指新近发展或正在发展的具有优异性能的结构材料和有特殊性质的功能材料。结构材料主要是利用它们的强度、韧性、硬度、弹性等机械性能，如新型陶瓷材料，非晶态合金（金属玻璃）等。功能材料主要是利用其所具有的电、光、声、磁、热等功能和物理效应。与传统材料相比，新材料在强度、硬度、耐热性、导电性等方面具有显著优势，或具备传统材料所不具备的特殊功能，如自修复、智能响应等。新材料在新一代信息技术、新能源、装备制造、航空航天、轨道交通、海洋工程和医疗健康等产业中的广泛应用，展现了新材料产业良好的市场机遇和发展前景。

新材料发展历程

早在公元前 3000 年—18 世纪，人类通过自然资源的直接利用与偶然发现进行材料开发，这一阶段缺乏系统性理论指导，但也出现了青铜器（铜锡合金）、瓷器（高岭土烧结）等光辉灿烂的成果。金属冶炼、硅酸盐材料体系等推动了人类文明的进程。这一阶段的技术局限也很明显，材料性能优化仅通过成分比例调整实现，无法突破元素本征特性限制。

19 世纪—20 世纪中叶，原子论、量子力学、化学键理论建立，材料研发进入“成分—结构—性能”三元关系解析阶段。钢铁冶金（贝塞麦

转炉炼钢）推动铁路、船舶等重工业爆发式增长；合成聚合物（贝克兰发明酚醛树脂）奠定现代塑料工业基础。这一阶段实验室合成材料首次超越天然材料性能，但试错法仍主导研发流程。

20世纪后半叶—21世纪初，技术革命推动新材料突破。扫描隧道显微镜和分子动力学模拟等工具实现原子级观测与模拟，加速了材料设计。代表性材料包括硅基芯片（基于晶体管的集成电路）、比强度达钢材5倍的碳纤维复合材料（如东丽T300系列），以及新型二维半导体（如石墨烯）。这一阶段，材料性能指标（如晶体管能效、复合材料比强度）成为产品竞争力核心，研发周期从数十年缩短至5—8年。

而2010年至今，新材料的发展进入功能智能时期。材料从“静态功能载体”向“动态响应系统”进化，AI与高通量计算加速研发进程。自修复材料的发展有了巨大突破。量子材料也捷报频传，拓扑绝缘体实现电子零损耗传输，为量子计算机提供物理载体。

2017年1月，我国《新材料产业发展指南》正式发布，这是落实《中国制造2025》的重要文件，是“十三五”期间指导我国新材料产业发展的顶层设计，也是“十四五”期间我国新材料产业的发展方向。其中，《指南》提出了三大重点方向，即先进基础材料、关键战略材料、前沿新材料。先进基础材料指在传统材料基础上经过改良，性能更好，应用广泛的基础工业材料，如钢铁、有色金属、石化材料、建筑材料等，具有“量大面广、一材多用”的特点。关键战略材料指对国家重点产业或国防安全至关重要的材料，如半导体材料、高性能纤维、生物医用材料等，具有“技术密集、应用关键”的特点。前沿新材料指还在研发阶段，具有前瞻性的材料，如石墨烯、超导材料、智能仿生材料等，具有“高精尖、原创性强”的特点。三大材料领域深度赋能高端制造、绿色经济与国家安全，助力新质生产力发展。

《中华人民共和国国民经济和社会发展第十四个五年规划和2035年远景目标纲要》提出，“十四五”期间，为提升制造业核心竞争力，我国新材料产业将重点发展高端新材料，“推动高端稀土功能材料、高品质特殊钢材、高性能合金、高温合金、高纯稀有金属材料、高性能陶瓷、电子玻璃等先进金属和无机非金属材料取得突破，加强碳纤维、芳纶等高性能纤维及其复合材料、生物基和生物医用材料研发应用，加快茂金属聚乙烯等高性能树脂和集成电路用光刻胶等电子高纯材料关键技术突破”。目前，硼墨烯材料、过渡金属硫化物、4D打印材料、仿生塑料等新材料已发挥越来越重要的作用，并成为我国战略布局的重要内容。

新材料发展态势

合成生物材料、纳米材料、智能材料、仿生材料等新材料的发展正重构现代生产生活方式。

合成生物先进材料是指通过合成生物学技术（基因编辑、代谢工程、细胞工厂等）设计并生产的具有特殊功能或环境友好特性的新型材料。这类材料结合了生物学的高效性、可持续性与材料科学的高性能需求，颠覆了传统化工材料的制造模式，广泛应用于医疗、能源、环保、纺织、建筑等领域。如生物塑料能够用于可降解包装、3D打印，替代一次性塑料；蛋白质基材料能用于超强纤维、防弹衣，以及手术缝合线、人工韧带、人造皮肤、组织工程支架等。

纳米材料是指三维尺寸中至少有一维在1—100纳米（1纳米＝十亿分之一米）范围内的材料。这一尺度接近原子级别，使材料展现出独特的物理、化学性质。纳米材料的特殊性源于量子效应（微观尺度下电子行为突变）和表面效应（小尺寸使表面原子占比高，活性增强）。医学中，纳米机器人可靶向输送药物；电子领域，碳纳米管能制造超快芯片；环保方面，纳米滤膜可高效净化水源。未来，这一“小尺寸大能量”的材料或将成为科技突破的关键引擎。

智能材料是一类能感知环境变化（如温度、压力、光或电场）并主动响应、自我调节的“活”材料。例如，形状记忆合金受热复原，压电材料可将压力转为电能，自修复材料能像皮肤一样愈合裂纹。仿生材料则通过模仿自然界生物特性而设计。如荷叶疏水结构启发超疏水涂层，鲨鱼皮纹理降低阻力用于泳衣，蛛丝仿生材料兼具高强与韧性。两者常结合应用：科学家研发的仿生智能材料可像植物般随光转向，或模拟肌肉收缩驱动柔性机器人。这类材料正推动医疗（人工器官）、航空航天（自适应机翼）、能源（智能节能玻璃）等领域的革新。未来，它们或让建筑“呼吸”、电子设备“自愈”，成为人类突破技术边界的关键钥匙。

绿色发展、用能成本等问题已成为经济社会发展的核心议题，能源战略与各领域、各行业、各环节及各市场主体联系密切。围绕不同的能源转化、存储方式和原理，先进能源材料需重点发展燃料电池材料、热电材料、超级电容器材料、固体锂电材料、生物质能材料、光电材料和纳米能源材料等方向，新材料正逐渐实现绿色目标。

新材料产业是我国战略性新兴产业之一，是未来高新技术产业发展的基石和先导，也是加快发展新质生产力、扎实推进高质量发展的重要方向。

案例链接

苏南特钢材料集群引领产业高端化、绿色化、智能化

国务院《“十四五”原材料工业发展规划》中明确提出“突破关键材

料”，并实施“关键短板材料攻关行动”“大宗基础材料巩固提升行动”“前沿材料前瞻布局行动”，并提出“优化新建产能布局”“推进规范化集群化发展”，并要求“形成5个以上世界级先进制造业集群”。钢铁作为原材料工业的核心领域，是集群化发展的重点对象。2023年，工业和信息化部、国家发展改革委等多个部门发布《钢铁行业稳增长工作方案》，提出要“促进钢铁企业数字化、网络化、智能化改造升级，建设一批智能制造示范工厂”，“创建先进钢铁产业集群”。苏南特钢材料集群作为全国唯一入选国家级先进制造业集群的钢铁产业代表，承载着引领中国特钢产业高端化、绿色化、智能化转型的战略使命。

经过数十年持续发展，南京、无锡、苏州、常州、镇江等苏南五市逐步建立起规模领先、品种高端、配套完善的特钢产业体系，位居全球首位。集群已形成南京高性能特种钢板、无锡高端特钢棒材、苏州优特钢线材、常州高品质不锈钢、镇江高端合金等5条优势产业链，为华龙一号核电工程、白鹤滩水电站、港珠澳大桥、国产大飞机等大国重器和重点工程提供了坚实可靠的材料支撑，提升了产业链供应链的韧性和安全水平，引领带动了全国钢铁产业的高质量发展。同时，支撑我省下游高端装备、新能源汽车、飞机配套、船舶及高端海工装备等多个优势产业发展。其中高端合金产业，为我国航空航天、两机工程、国防军工等装备建设作出了重要贡献。

2025年1月，江苏省工业和信息化厅、南京市人民政府在南京组织召开苏南特钢材料国家先进制造业集群推进会，苏南五市工信局共同签署“苏南特钢材料集群共建合作协议”，“特钢产业数字化转型促进中心”揭牌成立，为聚焦国家产业需求和战略所需，聚力打造世界一流的万亿级产业航母增添动力。

参考文献

[1] Edward H. ChamberLin.The Theory of Monopolistic Competition[M].Cambridge, MA: Harvard University Press，1933.

[2] Uyterlinde M A，Junginger M，De Vries H J，et al.Implications of technological learning on the prospects for renewable energy technologies in Europe[J]. Energy Policy，2007，35（8）:4072–4087.

[3] 陈建勋，中国新材料产业成长与发展研究 [D]. 上海社会科学院部门经济研究所，2008.

[4] 金瑞庭，李星辰 . 我国新能源汽车“出海”发展研究 [J]. 产业研究，2025（1）:67–70.

[5] 林伯强，赵恒松 . 能源安全和低碳转型背景下的全球气候博弈与“非常规”贸易摩擦 [J]. 厦门大学学报（哲学社会科学版），2025（1）:114–122.

[6] 张海龙 . 中国新能源发展研究 [D]. 吉林大学管理学院同，2014.